Ninguém lucra com o mal

Ninguém lucra com o mal

Psicografia de
Maurício de Castro

Pelo espírito
Hermes

LÚMEN
EDITORIAL

Ninguém lucra com o mal
pelo espírito *Hermes*
psicografia de *Maurício de Castro*

2ª edição - novembro de 2010
Direção editorial: *Celso Maiellari*
Preparação de originais: *Mary Ferrarini*
Revisão: *Equipe Casa de Idéias*
Diagramação: *Mônica Vieira / Casa de Idéias*
Arte da Capa: *Daniel Rampazzo / Casa de Idéias*
Impressão e acabamento: Orgrafic Gráfica

Dados Internacionais de Catalogação na Publicação (CIP)
(Câmara Brasileira do Livro, SP, Brasil)

Hermes (Espírito).
Ninguém lucra com o mal / pelo Espírito Hermes ; psicografia de Maurício de Castro. – São Paulo : Lúmen, 2009.

1. Espiritismo 2. Ficção espírita
3. Psicografia I. Castro, Maurício de. II. Título.

09-03788 CDD-133.9

Índices para catálogo sistemático:
1. Ficção : Espiritismo 133.9

LÚMEN
EDITORIAL

Rua Javari, 668
São Paulo - SP
CEP 03112-100
Tel/Fax (0xx11) 3207-1353

visite nosso site: www.lumeneditorial.com.br
fale com a Lúmen: atendimento@lumeneditorial.com.br
departamento de vendas: comercial@lumeneditorial.com.br
contato editorial: editorial@lumeneditorial.com.br

2010

Aos meus pais Dalva Adelina Carneiro e
Pedro Silva Castro, com muito amor.

Durante a psicografia deste livro, em 2006, enfrentei algumas dificuldades que só pude vencer com o apoio de amigos deste e do outro lado da vida, aos quais deixo aqui meus sinceros agradecimentos: Hermes, Elisa Masselli, Zibia Gasparetto, Marcelo Cezar e Sandra Carneiro.

A todo o núcleo familiar: meus pais, Vandira, Denner, Marinalva e todos os outros, por sempre estarem ao meu lado, irradiando paz, confiança e coragem.

A todos vocês, muita luz!

Falando aos leitores

A mediunidade é uma faculdade inerente a cada um de nós, mesmo desencarnados.

Ignorando o poder que essa ferramenta divina tem de produzir conhecimento, facultar consolo, iluminar consciências, derrotar a morte, muitos têm deturpado sua função, conspurcando, assim, a própria consciência e fazendo-a instrumento de desequilíbrio e maldade, ódio e vingança, numa simbiose infeliz com espíritos ainda ignorantes.

Ao trazermos à Terra esta obra, desejamos mostrar como é difícil e sofrível a trajetória de médiuns que, invigilantes, optam por caminhos obscuros, em que a ambição e os interesses terrenos predominam, atraindo para si o sofrimento reparador que tanto pode acontecer no mundo quanto na erraticidade.

Nosso planeta está mudando rapidamente. Enorme quantidade de sensitivos de todos os níveis surge a cada instante, como necessidade do Novo Mundo. Urge que a mediunidade seja tratada como deve: com seriedade, disciplina e respeito. O não cumprimento desses deveres sagrados para com a faculdade que ora temos como empréstimo é o que ocasiona muitas neuroses, depressões, psicoses e outras doenças físicas de difícil tratamento, oriundas das obsessões severas dos espíritos desejosos de nos levarem à queda.

Que nessa despretensiosa narrativa o leitor encontre elementos que julgue relevantes para sua melhoria como ser humano, como espírito imortal que é e, consequentemente, como médium, na grande e maravilhosa tarefa de ser intérprete de inteligências extrafísicas, numa verdadeira ligação entre os dois mundos. E que, nesse sentido, não esqueçamos as palavras eternas do Mestre Jesus: *"porque muitos serão os chamados, mas poucos serão os escolhidos"*.

Hermes
19.3.2008

Sumário

Prólogo

Era um magnífico fim de tarde quando Ernesto e sua esposa, Mariana, arrumavam as malas para a viagem que fariam no dia seguinte pela manhã. O fim de semana prometia ser muito divertido em Guararema, e Ernesto sentia que precisava desse descanso. Trabalhava durante a semana num banco e à noite era frequentador assíduo de um centro espírita, onde militava como médium.

Agradecia a Deus pela família bonita que tinha constituído. Suas filhas estavam crescidas e eram saudáveis e inteligentes – Márcia, com sete anos, e Lívia, com cinco. Elas e a esposa eram todo o seu tesouro.

Colocaram as roupas nas malas e Ernesto telefonou para sua mãe confirmando a viagem. Guararema tinha se tornado uma cidade muito bonita, próspera e era lá que os pais dc Ernesto viviam desde que nasceram. Havia muito tempo que não os visitava.

A manhã do sábado estava radiosa e, enquanto colocavam as malas no bagageiro, Mariana comentou:

–Você dormiu pesado esta noite e nem percebeu que levantei diversas vezes.

– Levantou-se? Por quê?

– As meninas não dormiram bem, tiveram pesadelos. Márcia gritou muito e Lívia acordou chorando. Fiquei um bom tempo com elas até que adormecessem.

– Orou? Pode ter sido influência de espíritos obsessores.

Ela pensou e respondeu:

– Confesso que não rezei, pois como aqui já se ora bastante, não achei que fosse precisar.

– Devemos sempre orar, nunca é demais. Nunca se sabe quando nossos inimigos estão por perto para atacar. Mas não se preocupe, sendo ou não um ataque de espíritos das trevas, nós somos muito protegidos. Frequentamos o centro, não fazemos nada de errado, procuramos seguir todas as normas, então por que seríamos atacados?

Mariana, que havia se tornado espírita por influência do marido, acabou concordando com o que ele disse. E sem dar maior importância ao caso, colocaram as meninas no carro e iniciaram a viagem.

Os 78 quilômetros que separavam a grande São Paulo daquela cidade interiorana pareceram voar, de tão rápido que foi o trajeto. Logo eles estavam na casa de dona Lúcia e seu Anselmo, que os receberam com muito prazer e carinho.

Após as boas-vindas foram fazer um passeio pela cidade e, tanto Mariana quanto Ernesto, se admiravam com tudo o que viam. Márcia e Lívia não paravam de perguntar sobre tudo, deixando os pais em situações embaraçosas e engraçadas.

Durante o almoço, dona Lúcia perguntou:

– E então? Como anda a vida em São Paulo?

– Muito agitada como sempre. Levo mais de uma hora todos os dias para chegar ao banco. Viver lá é um desafio, ainda mais sendo pobres. Já aqui parece um paraíso, por isso é que se vive bem e com saúde. A senhora mesmo chegará aos cem anos.

Todos riram, ao que dona Lúcia retorquiu:

– Gostaria de acreditar nisso, mas nossa Guararema perde para outras cidades paulistas em qualidade de vida. O progresso ajudou, mas também trouxe muitas coisas negativas.

Ernesto mudou de assunto.

– Notícias do Bruno e da Elza?

– Aqueles lá são uns ingratos – falou seu Anselmo, soltando o garfo e zangado. – Enquanto você, meu filho, não vem sempre aqui porque não pode, eles têm vida folgada. Ficaram ricos e esqueceram que têm pai e mãe velhos.

– Não diga isso, papai, eles têm muitas tarefas no Rio de Janeiro. Trabalham numa empresa que lhes toma boa parte do tempo, tente compreender.

– Nunca poderei entender essa ingratidão. Filhos são para toda a vida, aliás, não os considero mais meus filhos. Você, sim, sempre tão simples e bom! Já aqueles dois, desde pequenos, cheios de ambições, desejos de riqueza. Sentiam até vergonha de nós. Aqueles malditos!

Seu Anselmo deixou o prato e saiu da mesa. Falar dos outros filhos o fazia passar mal. Ernesto tentou se desculpar.

– Nossa, mãe, eu não sabia que o pai ficava assim ao falar dos meus irmãos. Se soubesse nem tinha perguntado.

Dona Lúcia fez um ar triste.

– É sempre dessa forma. O velho fica triste e não entende por que eles agem assim. Confesso que também não consigo entender. Bruno e Elza conseguiram um emprego numa multinacional e foram embora. No início gostamos, pois era uma oportunidade de progresso para eles, mas depois deixaram de nos procurar. As cartas que enviavam semanalmente e os telefonemas rarearam, e atualmente não recebemos nenhuma notícia. Faz dois anos que não sabemos deles.

Ernesto se entristeceu. Dona Lúcia, querendo mudar de assunto, perguntou:

– Como estão os trabalhos no centro espírita?

Os olhos de Ernesto brilharam quando disse:

– Maravilhosamente bem. Desde que me descobri médium e iniciei meus trabalhos me sinto outra pessoa. Aquelas crises de depressão e euforia que me abalavam acabaram e hoje estou perfeitamente equilibrado. Ser médium é uma missão árdua. Nós sofremos muito, mas seremos recompensados na outra vida.

Dona Lúcia o beijou com carinho.

– Sempre admirei sua fé, tão diferente de nós, que somos católicos.

– Minha fé é que me ajuda a viver. Todos os dias agradeço a Deus por ter conhecido o espiritismo.

Ele continuou falando do centro onde trabalhava, das reuniões doutrinárias, das campanhas assistenciais, das curas que ocorriam, de tudo. Depois foram para a sala, onde seu Anselmo, já com bom humor, brincava com as netinhas.

No domingo foram visitar mais uma vez os recantos bonitos da cidade e, quando estava a sós com o marido, Mariana voltou a comentar:

– Novamente as meninas tiveram pesadelos. Foi um custo fazê-las adormecer.

– Mais uma vez nada percebi. Você perguntou com o que elas sonharam?

– As duas tiveram o mesmo sonho: um carro sendo jogado a longa distância, um acidente, pessoas morrendo... Confesso que estou começando a me assustar.

Ernesto não deu importância. O lugar onde estavam era maravilhoso, havia uma ponte sobre um riacho cheio de quedas-d'água. De repente, olhou para sua mulher com intensidade.

– Quantas vezes eu já disse que te amo?

Ela sorriu.

– Muitas vezes, todos os dias.

Eles se beijaram. Mais uma vez ele perguntou:

– Quantas vezes já disse que você é tudo para mim?

– Bobo! Ainda hoje pela manhã você disse.

Ele olhou profundamente nos olhos da esposa e falou:

– Escute bem o que vou te dizer: nada é mais importante em minha vida do que você e as meninas. Tudo farei para tê-las sempre por perto. Eu as amo muito e nem a morte irá nos separar.

Mariana sentiu um arrepio.

– Você me emocionou tanto que me arrepiei. Nunca falou dessa forma. Sei disso, nem a morte vai nos separar.

Dona Lúcia, que estava com as crianças, chegou interrompendo o momento de emoção.

A tarde estava findando quando eles se despediram e se colocaram na estrada que, apesar de ser um domingo, estava muito movimentada. No banco traseiro as duas meninas dormiam. De repente, uma fumaça começou a encobrir a pista. À medida que a fumaça aumentava, Ernesto não conseguia enxergar nada a sua frente, só sentia a mão de Mariana apertando a sua.

Uma carreta que vinha na contramão, sem visibilidade, chocou-se contra o carro de Ernesto, que foi arremessado longe. Com o susto, o motorista da carreta, que nada sofreu, foi socorrer as vítimas. Das quatro pessoas do carro, apenas uma havia sobrevivido.

1

A fragilidade da fé

Foram momentos de desespero para todos. Os pais de Ernesto e a família de Mariana compareceram ao enterro e tiveram de tomar todas as providências, porque Ernesto, o único sobrevivente, encontrava-se internado em profunda depressão. No acidente ele nada sofrera, além de poucos arranhões, mas a perda da família o deixara prostrado e sem gosto pela vida. Gritava, chorava e culpava Deus por aquele destino infeliz.

Os dias foram passando e Ernesto não melhorava, tendo de permanecer internado em uma clínica psiquiátrica. Naquele momento sua fé, seus conhecimentos e o ideal pelo qual lutara tantos anos pareciam não ter nenhum efeito. Frustrado e desiludido, Ernesto descobriu que a teoria é muito diferente da prática. Seu estado foi se agravando e ele tentou o suicídio por diversas vezes.

Os amigos do centro espírita, em oração, pediam a Deus ajuda para o amigo que durante tantos anos consolou pessoas, e com seu dom de oratória emocionava o público com palestras acerca da vida após a morte, revelando muito conhecimento e sabedoria. Eles não conseguiam entender por que Ernesto reagia daquela maneira.

Após dois meses de internação, ele saiu do hospital. Mas, ao chegar em sua casa acompanhado pelos pais e amigos, teve outra crise forte, relembrando cada momento de alegria, encantamento e felicidade que havia vivido ali. Lembrou-se do sorriso terno de Márcia, do rostinho inocente de Lívia a lhe pedir carinhos, da esposa, amiga e companheira de tanto tempo e pediu:

– Mãe, pai, não desejo ficar nessa casa que tantas recordações me traz. Quero sair daqui e ficar com vocês em Guararema. Preciso apenas pedir licença de meu trabalho, o que resolvo em poucos dias. Tenho medo da solidão. Sei que a partir de hoje não desejo mais viver e vou me entregar à tristeza e à depressão, mas quero esquecer essa casa. Aqui não consigo ficar nem um instante sem me lembrar dos momentos de felicidade.

Antônia, frequentadora do centro onde Ernesto trabalhava, tentou ajudar:

–Você precisa reagir, amigo. Quantas vezes consolou pessoas que perderam seus entes queridos? Quantas vezes, com suas palestras, arrancou lágrimas emocionadas e confortadoras das pessoas com problemas de todos os tipos? Lembra quando o Guilherme perdeu a mulher, no ano passado? Ficou assim sem querer viver, entrou em depressão, nem os médicos conseguiram ajudar, daí você conversou com ele, falou das belezas da vida espiritual, que ele deveria se desapegar dos que partiram para viver melhor. Guilherme melhorou, hoje já reconstruiu a vida, é outro homem. Acorde! – ela falava num tom quase áspero. – É hora de ajudar a você mesmo, não pode ser fraco numa hora dessas.

Aquelas palavras despertaram em Ernesto uma fúria que ele não conseguiu controlar. Levantou-se do sofá e começou a quebrar todos os objetos da sala, jogando-os no chão e nas paredes.

As pessoas tentavam se proteger e segurá-lo, mas Ernesto estava com a força multiplicada e ninguém conseguiu.

Depois de quebrar tudo o que pôde e deixar a sala completamente destruída, vociferou:

– Pro inferno você e o espiritismo. Não acredito em mais nada, não acredito nem mais em Deus. Se ele realmente existisse não iria tirar da Terra a família de um homem bom, honesto e sensato como eu. Tudo isso é balela. A partir de hoje deixo a militância no centro e nunca mais acreditarei em nada. Vocês, do centro, esqueçam que eu existo e mais...

Dizendo isso, subiu as escadas e, de repente, voltou com as mãos cheias de livros e falou:

– Doem estas porcarias aos pobres do centro. Nunca mais tocarei em nenhum deles.

Ernesto possuía uma biblioteca grande e começou a atirar todos os livros da escada. Antônia e Sérvulo recolhiam um a um com cuidado e humildade.

Quando terminou, ele desceu com os olhos injetados de ódio e, mirando todos, disse:

– Saiam daqui! Quero apenas minha família comigo, os outros podem ir embora e nunca mais, nunca mais me procurem.

As pessoas, envergonhadas e humilhadas com a cena, saíram deixando-o a sós com os pais. Naquele instante, Ernesto chorou copiosamente no colo de sua mãe, murmurando:

– Tudo em que eu acreditava desmoronou, tudo o que tinha na vida perdi. O que farei a partir de hoje? Não quero mais viver.

Dona Lúcia, muito lúcida, respondeu:

– Você nunca viveu suas crenças com realismo, passou por elas, mas não as deixou entrar em seu espírito, enveredou pelo fanatismo. Se assim não fosse, não estaria agindo como está agora. Sou católica, não entendo muito do espiritismo, mas sei que quando as pessoas se dedicam por inteiro e procuram viver as verdades de um ideal, dificilmente se tornam descrentes. Deixei você fazer aquela cena porque sei que está fora de si e transtornado com o que aconteceu. Você é bom e nunca faria aquilo se não estivesse doente. Não pense em nada por agora. Levaremos você para nossa casa e ficaremos cuidando para que melhore. Temos fé que tudo vai se resolver. Deus é bom e não desampara seus filhos.

– Não me fale no nome de Deus, não quero ouvir.

– Tudo bem, mas agora suba e lave esse rosto que eu e seu pai vamos fazer suas malas. Vamos ainda hoje para Guararema. Depois você volta e resolve seus problemas no banco. Agora cuide de você. Em um caso como esse, toda empresa dá vários dias de folga.

Ernesto levantou-se meio tonto e subiu.

Quando estavam a sós, Anselmo comentou:

– É, minha velha, vamos precisar de muita força para cuidar do nosso filho. Ele está fraco e vai nos dar trabalho.

– Nossa força e fé em Deus não vão nos deixar cair. Ele vai melhorar.

– Sinto medo de que tente mais uma vez o suicídio.

– Os médicos me disseram como lidar com isso. É preciso vigilância total, além de tirarmos todos os objetos pontiagudos ou substâncias químicas do seu alcance.

Eles interromperam a conversa, pois Ernesto havia voltado. Juntos, arrumaram as malas e no mesmo dia partiram para Guararema.

Os primeiros dias foram difíceis. Ernesto acordava com horríveis pesadelos e chorando muito. Durante o dia se recusava a comer e a tomar os medicamentos, mas com o tempo suas crises foram passando e ele começou a voltar ao normal. Todavia, um estranho brilho fixou-se em seu olhar.

Uma noite, dona Lúcia e seu Anselmo acordaram assustados. Ernesto estava sentado na cama com os olhos bem abertos e conversava sozinho. Seria uma crise de sonambulismo? Eles ficaram ouvindo o que ele dizia, mas só conseguiam escutar tudo pela metade:

– Entendi perfeitamente, meu senhor – dizia Ernesto com voz modificada. – A partir de hoje serei seu servo... Sim, farei tudo conforme o combinado... Serei muito rico? Sim? Nosso pacto está selado, minha alma agora lhe pertence.

Ernesto soltou um riso macabro, depois deitou-se e dormiu tranquilamente, sem perceber a presença dos pais.

Dona Lúcia estava sentindo calafrios e seu Anselmo, muito arrepiado, comentou:

– Mulher, o que houve aqui não foi coisa boa, não. Estou sentindo medo, nunca vi nosso filho assim. Lembro que, quando pequeno, ele conversava sozinho durante o sono, mas ficava alegre e ria. Agora sinto que foi coisa ruim.

– Eu também estou muito assustada, vamos rezar?

Os dois foram para o quarto, acenderam uma vela aos pés de uma imagem grande de Maria e começaram a rezar um pai-nosso.

De repente, uma lufada de vento muito forte entrou no recinto e apagou a vela. Dona Lúcia admirou-se, pois a casa inteira estava fechada e o teto era forrado. De onde teria vindo aquele vento? Acenderam a vela mais uma vez e o vento apagou-a novamente, impedindo-os de concluir a oração. Um pavor supersticioso tomou conta dos dois que, assustados e aflitos, foram para a cama rezando mecanicamente.

Quando acordaram pela manhã ficaram espantados ao ver Ernesto de banho tomado, barbeado, cabelos arrumados e já tomando café. Eles tinham uma empregada, chamada Alzira, que chegava cedinho, fazia o café, cuidava da casa e das roupas e à noite ia para a casa dela.

– Filho? Já de pé tão cedo? Pelo semblante está ótimo! – disse dona Lúcia, beijando-o na face.

– Não estou bem, afinal, como poderia estar? Mas hoje desejo ir a São Paulo, tenho algo urgente a fazer lá, por isso me preparei cedo.

–Vai resolver sua situação no banco?

– Também, mas outros compromissos estão me fazendo ir para lá. Pretendo vender aquela casa. Procurarei uma imobiliária e devo demorar, só à noite estarei aqui. Vamos tomar café? Só estava esperando vocês.

Seu Anselmo e dona Lúcia não notaram o brilho sinistro no olhar do filho. Ficaram contentes por ele estar reagindo e voltando à vida.

Ernesto terminou o café e pegou o ônibus para a capital. Não estava ainda em condições de dirigir. Chegando a São Paulo, parou em uma movimentada avenida e retirou do bolso um papel com anotações feitas pela manhã. Tomou mais dois ônibus e chegou a um bairro bem afastado do centro. Andou, perguntando por algumas ruas, até que parou diante de um sobrado antigo e malconservado. Olhou um letreiro vermelho pregado na parede e leu: "Pai Wilton – Confiança e Fé".

Olhou para o papel, percebeu ser o endereço certo e disse para si mesmo:

– Hoje saberei exatamente o que ele quer de mim.

2

O pacto com as trevas

Em poucos instantes Ernesto estava sentado em frente a uma mesa simples, sem arrumação, em um quarto cheio de imagens de santos, fumaça de incenso e velas coloridas acesas. Pai Wilton adentrou o recinto e, com olhos enigmáticos, fixou-se no rosto de Ernesto dizendo:

– Eu sabia que você viria. Tanto que despachei todos os meus compromissos do dia apenas para recebê-lo. Seja bem--vindo!

– Sei que fui chamado a este lugar por um motivo forte. Não sei qual, mas a entidade que se comunicou comigo durante a noite disse que você me daria todas as instruções para que eu possa mudar de vida.

Pai Wilton sorriu e acendeu um charuto.

–Você é um bom "cavalo" mesmo. Entendeu tudo direitinho, foi privilegiado. Sabe com quem conversou durante a noite?

Ernesto fez uma negativa com a cabeça, ao que pai Wilton respondeu:

– Com Lúcifer.

Ernesto sentiu um calafrio e na mesma hora revidou:

– Mas eu sei que o diabo não existe, aprendi isso no espiritismo, sei que é uma invenção dos homens.

Soltando baforadas, o pai de santo respondeu:

– Você aprendeu muitas coisas erradas naquele centro espírita, precisa mudar sua forma de pensar.

– Então quer dizer que o diabo existe mesmo?

– Não foi isso que eu quis dizer, mas essa entidade responde como se fosse ele e é muito poderosa. Se você foi o escolhido, deve saber que tem poder e é um homem especial.

Ernesto ficava cada vez mais confuso com o que se passava. De repente, recordou o sonho no qual um homem de forma animalesca lhe dizia que havia chegado a hora de cumprir sua parte no trato, e que ele deveria procurar pai Wilton em São Paulo. Disse-lhe, também, que com ele encontraria um rumo seguro para sua vida e que deveria seguir, já que perdera a mulher e as filhas para o destino. Ernesto aceitou e lembrou-se claramente que assinou, durante o sonho, um papel que selava o contrato entre ambos.

Subitamente, percebeu que pai Wilton começou a tremer muito e a suar frio. Seu rosto começou a se deformar e ele soltava grunhidos altos e fortes. Ajoelhou-se e, em posição de quadrúpede, começou a falar:

– É você meu escolhido desde muitos séculos, chegou a hora de cumprir sua parte e pagar o resto que me deve. Pensa que os anos de serviço em meu palácio foram suficientes? Deverá trabalhar para mim.

– Quem é você? – perguntou Ernesto, ciente de que conversava com a mesma pessoa que o visitou durante a noite.

– Chame-me de Belzebu. Vou instruí-lo para que faça tudo certo. Os detalhes não podem ser esquecidos. – O homem fungava e se portava como se tivesse um aleijão. – Preste muita atenção! Sua vida mudou, sua mulher e suas filhas morreram naquele acidente. Não há mais razão para viver. Ao mesmo tempo, você nasceu com uma qualidade especial, pode servir aos espíritos. Vamos iniciá-lo no conhecimento das energias ocultas da natureza, e por isso pouco conhecidas pelos homens.

– Qual o objetivo?

– Um dia saberá o motivo de tudo isso. Você, a partir de hoje, vai vender sua mediunidade e trabalhar para nós. Vai se instruir com Wilton e fundar seu terreiro. Pessoas vão procurá-lo para os mais diversos tipos de trabalho, separação, amarração, morte, doenças... Você vai servir às trevas.

Ernesto estava assustado. De repente, pensou na lei de causa e efeito e respondeu:

– Não! Não farei isso. Se for para trabalhar dessa forma, não aceitarei.

O espírito sorriu malicioso.

– Não deseja ser rico, milionário?

– Sim, sempre desejei, mas sempre ocultei esse desejo. No fundo, invejava os meus irmãos, que têm ótimos empregos e vida farta. Sempre me questionei por que só eu levava uma vida apertada e sem recursos.

– Pois, então, esta é a hora! Esses trabalhos não são feitos de graça e, para realizar o que pretendem, as pessoas não titubeiam em pagar qualquer quantia. Em pouco tempo ficará muito rico, até mais que seus irmãos.

– Mas o pai Wilton é pobre, vive nesta casa velha e sem conforto. Como acreditar no que você me diz?

–Você acha mesmo que ele mora aqui? Aqui é simplesmente seu ambiente de trabalho. Pai Wilton tem clientes importantes, artistas de renome, políticos famosos. Tem muito dinheiro. Com você ocorrerá o mesmo.

Ernesto sentiu-se tentado em seu ponto mais fraco, e que escondia de todos: a ambição. Não resistiu.

– Aceito, sim. A partir de hoje vou vender minha mediunidade. Sempre trabalhei de graça e nunca tive nada. Vivia com um salário ínfimo que mal dava para as despesas. Agora perdi minha família e não tenho mais motivo para continuar vivendo. A partir de hoje viverei para acumular riquezas e ter tudo de material com que sempre sonhei.

– É assim que se fala, agora estou reconhecendo o Aristides de sempre. Sabia que você não tinha mudado, sempre correndo atrás do ouro.

– Como farei?

– Acerte tudo com o Wilton, e quando iniciar a tarefa estarei ao seu lado. Sua alma agora é minha.

Ernesto teve uma sensação desagradável e vários estouros foram ouvidos no ambiente. Um cheiro forte de enxofre fez com que ele tapasse o nariz. Quando percebeu, já estava com pai Wilton em posição normal à sua frente.

– Parabéns. Sei que não se arrependerá da escolha que fez.

– Não me arrependerei. Se for esse o caminho que tenho de seguir, que seja assim. O que faço agora?

– Você vai aprender tudo comigo. Não gosto de concorrentes, mas se Belzebu pediu que fosse com você, é porque deve ser, e a ele não desobedeço. Comigo você conhecerá todos os rituais de enfeitiçamento, fará sua iniciação e aprenderá todas as técnicas de magia negra.

– Sempre pensei que macumba não existisse.

– Pensou errado. Existe, sim, e só as pessoas que estão inteiramente livres de seu carma é que são imunes aos seus efeitos.

– Como se processa o enfeitiçamento?

– Há muitas maneiras, mas a mais comum é feita pelo hipnotismo de entidades desencarnadas. Praticamente todo o serviço é feito por elas. Mas não fazem de graça, elas exigem muitas coisas, principalmente o sangue humano e de animais.

Ernesto estava estupefato.

– O que elas fazem com o sangue?

– Essas entidades são vampiros que se revigoram com a energia do plasma sanguíneo de animais e pessoas. Depois explico melhor.

Ernesto saiu atordoado daquele ambiente e mal falou com uma moça que trabalhava como atendente. Uma vez na rua, tomou o ônibus e, durante o trajeto, foi pensando. Não poderia pedir demissão do seu emprego no banco até ver se iria realmente obter lucro. Havia combinado com pai Wilton que passaria duas semanas com ele para aprender tudo. O que diria a seus pais?

O dia passou rápido e, ao entardecer, Ernesto já estava com os pais em casa.

Durante o jantar, dona Júlia perguntou:

– Resolveu tudo, filho?

– Procurei uma imobiliária e coloquei a casa à venda – mentiu. – No banco, a situação está regularizada, tenho alguns dias de licença ainda. Mas preciso conviver com a realidade, quero voltar a São Paulo e ficar na minha casa até que consiga vendê-la.

Anselmo protestou.

– Mas já, filho? Não posso concordar. Você ainda está muito abatido e ficar lá sozinho pode agravar sua depressão. Não deixarei.

– Eu também não. Há poucos dias você ainda pensava em suicídio.

A conversa continuou, e ele resolveu contemporizar.

– Pensarei melhor, mas fugir não adianta, preciso retomar minha vida.

Demorou mais algumas semanas até Ernesto conseguir convencer os pais de que seria melhor ele morar sozinho em sua antiga casa. Dona Lúcia o fez prometer notícias diárias, e assim ele partiu.

Dias depois, começou a aprender sua nova "profissão". No começo, assustou-se com tudo o que viu, mas depois foi se acostumando e ganhando mais entusiasmo.

O tempo passou, ele abriu o próprio local de consultas e iniciou os trabalhos. Não vendeu a casa em que viveu com a família, e depois de muitas desculpas acabou convencendo os pais de que estava bem e recuperado da perda. Lúcia e Anselmo, com o tempo, deixaram de se preocupar com o filho e esqueceram por completo o seu comportamento estranho e o que viram na noite em que Ernesto se entregou completamente às ilusões do mundo e ao caminho do mal.

3

A manipulação do destino

Lucrécia atirou longe uma revista de fofoca que lia sem prazer. Tentava acalmar os pensamentos, mas não conseguia. Estava difícil aceitar a separação. Afinal, uma mulher com mais de cinquenta anos separada, além de não ser mais bem-vista na sociedade, também não era bem-vista pelos homens. Ao pensar que poderia terminar sozinha, sem ninguém por perto, além dos empregados, ela enlouquecia.

Levantou-se da cama e abriu as persianas. Olhou o jardim de sua suntuosa mansão e viu a piscina onde se divertiu muito com o marido e os filhos, deixando que lágrimas teimosas escorressem do canto dos olhos.

Lucrécia Brandão havia se casado muito cedo. Conheceu Arnaldo ainda muito moça e por ele se apaixonou, foi correspondida e logo estavam casados, vivendo um sonho de amor. Durante vinte e sete anos foram felizes. Até que um dia ele chegou diferente, dizendo que iria arrumar as malas e deixaria aquela casa. Não adiantou ela insistir e implorar; ele confirmou estar amando outra e que, por Alice, deixaria tudo.

Recordando esses momentos, ela voltava a chorar. Como não percebeu que ele estava diferente? Não a procurava mais e suas amigas diziam que era até normal, com tantos anos de casamento. Ela não insistiu até o dia em que descobriu a verdade: fora trocada por uma mulher mais jovem e bonita.

Isso acontecera havia um ano, e ela ainda não tinha se acostumado. Rolar na cama à procura do ombro amigo que havia dormido com ela tantos anos e encontrar o vazio era muito doloroso. Muitas vezes, passava as noites em claro imaginando o que eles estariam fazendo. Arnaldo era um engenheiro civil muito famoso e constantemente saía em revistas da moda. Certa vez, viu uma foto dele com Alice. Ela era uma moça de, no máximo, vinte e cinco anos, morena, cabelos escorridos, alta e magra. Não poderia nunca competir com ela. Olhou-se no espelho e viu uma senhora que, apesar de manter o rosto conservado, trazia um corpo um tanto gordo, cansado e mostrando o peso da idade.

Mesmo estando depressiva, Lucrécia não deixou sua vida parar. Continuava a frequentar o cabeleireiro, os lugares da moda, sempre acompanhada por algumas amigas, mas percebia que, por estar separada, já não era tão requesitada quanto antes. Ela não havia aprendido uma profissão, portanto, tinha de ocupar o dia com futilidades e viver da renda dos imóveis que herdara do pai, um barão do café. Tinha dignidade e não podia aceitar o dinheiro que Arnaldo lhe ofereceu como espécie de mesada.

Resolveu descer e tomar o café na cozinha. Quando terminou, foi para a sala e largou-se no sofá. O que ela faria naquele dia? Estava se sentindo mais só e entediada do que de costume e não estava com a mínima disposição para shoppings, cinemas e tudo o mais que São Paulo oferecia.

Estava assim indecisa quando ouviu o som de carro na garagem. De repente, a porta se abriu e sua filha Arlete entrou. Era uma mulher alta, loura como a mãe, pele rosada e dentes alvos. Lucrécia admirou-se:

–Você? O que faz aqui?

Arlete sorriu.

– Há meses que não a vejo e é assim que me recebe?

As duas se abraçaram e trocaram beijos.

– Ah, filhinha, é que você sair do Rio de Janeiro e vir a São Paulo a essa hora do dia só pode ser tragédia. Conte-me tudo.

– Mamãe, olha o drama, nenhuma tragédia aconteceu. Vim por um motivo muito especial. Enquanto o Gustavo descarrega minhas malas, vamos para o jardim? Lá poderemos falar melhor.

Lucrécia estava cada vez mais intrigada.

– Malas? Então é mais sério do que imaginei.Você vai deixar seu marido lá sozinho? Logo você que é um poço de ciúme?

– O Bruno vai ficar sem mim, mas acredito que por pouco tempo.Acho que em apenas uma semana resolverei o que pretendo aqui.

Lucrécia agarrou sua mão e a puxou para o jardim. Sentadas num banco, ela indagou:

– O que, afinal, está acontecendo?

Arlete abriu sua bolsa e retirou um cartão. Olhou para a mãe e disse:

– Leia.

Lucrécia leu e começou a sorrir.

– Mas esse é o cartão de um pai de santo. O que você pode querer com um tipo desses?

Arlete, com os olhos num ponto distante, disse:

– A senhora sabe o quanto amo Bruno e quanto sou ciumenta e possessiva. Não desejo terminar separada como a senhora. Estou desconfiada de que ele anda de olho numa colega de trabalho. Tentei perguntar para a Elza, irmã dele, mas ela negou. Eu não acreditei. Bruno e Elza são muito ligados, ele pode estar me traindo e ela, dando cobertura. Foi aí que numa manhã, ao entrar na cozinha de meu apartamento, encontrei minha empregada e outra amiga conversando sobre um pai de santo famoso de São Paulo. Interessei-me pela conversa por curiosidade e acabei entrando no papo das duas. Gabriela saiu de São Paulo para morar com os patrões no Rio e havia descoberto que eles conseguiam tudo quanto desejavam por meio da magia. Conseguiram emprego, dinheiro, destruíram concorrentes, tudo com rituais de enfeitiçamento.

Lucrécia estava incrédula:

– Como pode! Isso é bobagem, coisa de gente ignorante. Essas coisas não existem. Até você caiu numa história dessa?

Arlete fez ar sério.

– Mamãe, se eu fosse a senhora não duvidaria tanto, e ainda iria lá comigo para tentar melhorar de vida. Sei que ainda ama o papai e faria tudo para tê-lo de volta. Em vez de ficar aí nessa incredulidade, deveria fazer algo por si mesma.

Lucrécia não acreditava no que ouvia.

– Não posso crer que você acredite numa coisa dessas. Sempre foi tão cética! Nunca se dedicou a nenhuma religião, nem mesmo à nossa, católica, nunca foi nem de rezar...

– Eu mudei muito, e depois quero experimentar para ver se realmente esse homem é sério. Fui me informar melhor e soube que até políticos cariocas o procuram. Se gente da alta está metida com isso, é porque deve dar algum resultado.

Lucrécia sentiu-se arrepiar.

– Não gosto de falar nessas coisas. Também nunca fui dada à religião e nem acredito em quem lida com forças ocultas. Vá você, se quiser, e deixe-me com minha vida.

Arlete riu maliciosa.

– E não vai querer o papai de volta? Tem certeza?

– Pare com isso, menina, vamos mudar de assunto. Como vão os negócios do Bruno?

Elas continuaram a conversar e logo se esqueceram do assunto anterior.

Ernesto se modificou bastante com o passar dos anos. Estava mais velho, carrancudo e com uma expressão soturna no olhar. Assim que percebeu que seu novo "negócio" produzia rios de dinheiro, pediu demissão do banco e passou a se dedicar exclusivamente à magia. No princípio, eram casos corriqueiros de amor e paixão, mas, com o tempo, os problemas envolvendo dinheiro começaram a surgir, heranças, dívidas, títulos, e Ernesto foi se prendendo cada vez mais às energias negativas do astral inferior. Não demorou para que pedidos de morte começassem a acontecer, e ele, cada vez mais envolvido e descobrindo que tinha grande poder, os realizava.

Não se mudou de sua antiga casa. Procurou reformá-la e construiu um cômodo no quintal, que servia como ambiente de consultas. Logo, Ernesto estava com muito dinheiro. A notícia de que ele havia se tornado um pai de santo caiu como uma bomba na casa de seus pais. Seu Arnaldo tentou tirar o filho desse caminho a todo custo, mas não conseguiu. Dona Lúcia adoeceu e ficou internada durante um tempo sem se conformar com a escolha do filho. Mas, com o passar do tempo, acabaram aceitando, pois Ernesto passou a mandar mensalmente uma boa quantia para eles.

Tudo assim resolvido, ele se sentia cômodo. Não seria mais feliz mesmo, pois a família que ele tanto amara morreu tragicamente. Ele não acreditava mais na bondade de Deus, como um dia aprendera no centro espírita. Achava que Ele era mau e perverso, por isso estava pagando na mesma moeda. Se o mal tinha mais poder, então era no mal que ele iria ficar. Nunca mais se interessou por nenhuma mulher e, apesar de às vezes ser requestado por algumas clientes, ele sempre negava.

Naquela tarde, ele estava atarefado. Tinha atendido clientes complicados, com situações extremamente complexas, e não queria estar com mais ninguém, porém Fernanda entrou na sua sala dizendo:

– Pai Ernesto, há uma cliente que pegou um engarrafamento e só pôde chegar agora, já estava agendada, o que vamos fazer com ela?

De mau humor, ele respondeu:

– Diga-lhe que volte amanhã.

– Tentei explicar que o senhor estava exausto, mas ela disse que paga o que for preciso. Ela mora no Rio de Janeiro e não pode demorar muito na cidade.

Ernesto pensou que podia ser mais uma milionária e resolveu atender.

Arlete entrou e percebeu que o ambiente era diferente do que ela imaginava. A sala em que Ernesto trabalhava era muito asseada e arrumada com apuro. Muitas velas de diversas cores, muitas imagens que ela não conseguia identificar e, acima da cadeira onde ele se sentava, um quadro grande de um ser com chifres que a fez tremer de pavor.

– O que a trouxe aqui? – perguntou Ernesto, mecanicamente e com voz melíflua.

Arlete sentiu uma sensação estranha e teve vontade de sair correndo, mas resolveu ser firme.

– Ouvi falar que tem poder e que pode deixar um homem preso a uma mulher para sempre. Pois bem, sou casada há quatro anos, meu marido tem porte atlético, aonde vai arranca suspiros das mulheres. Sou muito insegura, vivo armando confusões e pagando detetives para segui-lo. Minha vida é um inferno! Quero que faça um trabalho para mantê-lo fiel a mim sempre e também para que deixe o interesse por uma colega de trabalho. Há tempos venho percebendo que outra mulher tem mexido com ele.

Ernesto ouvia sem muita paciência, era mais um caso de ciúme e insegurança ao qual ele estava muito habituado. As pessoas inseguras chegam a qualquer extremo para conseguir o que querem, com essa não seria diferente.

– Primeiro precisamos jogar o tarô e ver o que as cartas dizem.

– Como? Tarô? Não vim aqui para esse tipo de coisa, quero algo mais prático.

Ernesto olhou-a no fundo dos olhos enquanto disse:

– O tarô é um meio importante de conhecer qualquer situação, inclusive o passado e o futuro. Ademais, comigo essa prática é bem diferente, enquanto olho para as cartas, as entidades vão me dizendo ao ouvido tudo o que preciso saber. Vamos ao jogo?

Arlete estava incrédula, mas pegou o volumoso baralho, misturou e cortou, como Ernesto pediu. De repente, ele começou a se modificar, os olhos ficaram vermelhos e a voz, alterada:

– Seu marido é alto, moreno e tem cabelos castanhos jogados no rosto. Apesar de não ver o seu rosto, vejo-o trabalhando numa grande empresa. Ele cresceu financeiramente cedendo veículos ao tráfico de drogas carioca. Ele e a irmã são aliados de traficantes poderosos e ricos e têm enorme fortuna.

Demorou um tempo e continuou:

– Ele tem outra mulher. Sua amante é Diva, uma mulher da periferia. Esqueça a Dione, que é secretária do seu marido e não tem interesse por ele; ela não lhe oferece nenhum perigo. Há dois anos Bruno e Diva se encontram e você não percebe.

Arlete sentiu o ar faltar, uma tontura se apossou de seu corpo e ela desmaiou. Fernanda entrou e, após alguns minutos, conseguiu reanimá-la. Já refeita, ela fez Ernesto repetir tudo o que já havia dito.

Após concluir, Ernesto falou:

– Não precisa se preocupar, meus guias dizem que podem neutralizar a situação. Se fizermos um bom trabalho, ele não só a deixará como ficará para sempre ao seu lado e fiel.

Arlete, muito nervosa, questionou:

– O que preciso fazer? Seja o que for, estarei disposta.

– Seu caso é simples, você precisa trazer ainda amanhã uma peça íntima usada por ele e um fio de cabelo.

– Não tenho como, não moro em São Paulo. Seria impossível.

Ernesto olhou-a e falou com voz cobiçosa:

– Para você é impossível, para mim, não.

– Como assim?

– Se me pagar o que é justo, posso trazer do Rio uma peça íntima e um fio de cabelo dele sem nenhum problema.

Ela estava curiosa.

– Como pode fazer isso?

– Nunca ouviu falar em fenômenos de transporte?

– Não, nem sei o que é isso.

Ele explicou:

– É simples, com um médium de efeitos físicos conseguimos trazer objetos, plantas, animais e até pessoas para onde queremos, não importando a distância.

– Como assim? Que loucura é essa?

– Loucura nenhuma. São fenômenos naturais, porém o homem não os estuda, não os conhece. Tenho um médium para esse tipo de serviço, mas ele, assim como eu, cobra caro. Com a ajuda desse médium, traremos a sunga e o cabelo de lá para cá sem que ele perceba.

Arlete estava confusa: "Aquilo poderia mesmo acontecer?"

Ernesto continuou explicando:

– A peça vai desaparecer e, quando ele der conta, o trabalho já estará feito. Muitos dos objetos das pessoas que somem estão sendo usados em trabalhos desse tipo. Vamos imantar a sunga e o cabelo com as energias que precisarmos, e ele será só seu.

– Estou muito confusa com tudo isso, não sei se quero...

Ele a interrompeu.

– Se não fizer isso, perderá seu marido para outra, além de terminar sozinha como sua mãe. Aliás, diga a ela que ainda está em tempo, Arnaldo pode voltar e deixar a Alice.

Arlete já não tinha mais dúvidas, aquele homem era um verdadeiro bruxo.

Após pagar a consulta e dizer que voltaria no dia seguinte, ela saiu. A casa de sua mãe ficava em Moema, e ela estava distante. Teria de pegar um caminho mais fácil para evitar o engarrafamento. Quando chegou em casa, assustada com tudo o que viu e ouviu, chamou a mãe para o quarto.

– Mãe, o homem é realmente bom. Praticamente não abri a boca e ele falou tudo sobre mim.

Lucrécia continuava incrédula.

– Esse tipo de gente sabe que quando uma mulher os procura é porque está sendo traída ou querendo conquistar alguém. É só ter um pouco de raciocínio, falar o que elas querem ouvir e pronto, está feita a consulta.

– Não! Esse é dos bons, valeu a pena ter vindo do Rio para cá. Descobri que Bruno me trai com uma fulana chamada Diva, e não com Dione, como suspeitava. Ele descreveu meu marido perfeitamente e, ao final, mandou um recado para a senhora. Disse, com todas as letras, que Arnaldo poderia deixar a Alice e voltar para casa.

Um arrepio percorreu o corpo de Lucrécia, que disse:

– Não brinque com isso! Como esse homem poderia saber sobre minha vida com seu pai?

– Ele é realmente um médium capaz de ler os pensamentos das pessoas. Mãe, preste atenção, vá comigo amanhã na hora de minha consulta e aproveite para se consultar também. Se há chances de o papai voltar para a senhora, por que não tentar?

– Não sei se devo... Tenho medo dessas coisas. Nunca parei para pensar na existência de seres de outro mundo. Não, não vou! – falou muito segura.

Arlete insistiu, tocando em seu ponto fraco:

– E vai querer continuar nesta solidão? Morando nesta casa enorme, completamente sozinha sem o seu tão amado marido? Vai permitir que ele viva feliz ao lado de outra, sendo que pode mudar o rumo do seu destino?

Lucrécia parou para refletir. Sua vida estava realmente muito difícil. Tinha tudo, dinheiro, joias, prestígio, mas a solidão não a deixava em paz. A filha estava certa, ela deveria tentar fazer algo. Procurar Arnaldo pessoalmente e tentar uma reconciliação ela jamais faria. Tinha orgulho e não estava habituada a correr atrás dos homens, mesmo que fosse seu marido. Se existia alguma magia que pudesse trazer o Arnaldo de volta, ela faria sim.

– Irei. Amanhã mesmo estarei lá. Não aguento mais a vida que levo, se continuar assim entrarei em depressão. Preciso lutar para ter minha vida de volta.

Arlete exultou.

– Isso mesmo, é assim que se fala!

–Você está muito animada para quem soube há poucas horas que está sendo traída. Não a estou reconhecendo, você já fez escândalo por muito menos.

– É porque estou confiante em pai Ernesto, sei que ele fará o Bruno deixar a Diva e ser fiel só a mim. Além disso, eu amo meu marido e jamais irei perdê-lo. Farei tudo o que estiver ao meu alcance para nunca ficar longe dele.

Lucrécia sentiu firmeza nas palavras da filha e se animou ainda mais para ir, no dia seguinte, procurar o pai de santo.

Amanheceu e logo as duas estavam na casa de Ernesto, na sala de espera, aguardando o atendimento. Lucrécia percebeu que muitas pessoas da alta sociedade frequentavam aquele lugar e, com isso, sentiu-se menos deslocada. No fundo, ainda estava incrédula e pagaria para ver.

Arlete entrou e Ernesto, demonstrando muita satisfação, pegou uma sacola vermelha e tirou seu conteúdo. Logo ela percebeu se tratar de uma das peças íntimas do marido e se arrepiou. Então era verdade. Os objetos poderiam mesmo ser transportados.

– Surpresa? – perguntou ele com voz misteriosa.

– Confesso que sim. No fundo, duvidava que isso fosse possível.

– Há mais coisas entre o céu e a terra do que julga nossa vã filosofia, disse um sábio. Agora veja só – abriu um saquinho menor e retirou, envolta em fita preta, uma mecha de cabelos – é de seu marido, olhe!

Arlete estava cada vez mais admirada e não conteve a pergunta:

– Como isso pode ser possível?

– Não é um trabalho tão fácil, por isso você terá de pagar muito. Mas não dá para lhe explicar o processo, pois você não o entenderia. Dê-se por satisfeita porque temos o material em mãos. Agora o trabalho será perfeito.

Arlete preencheu o cheque com a quantia e o entregou.

– Em quanto tempo verei o resultado?

– Em menos de duas semanas. Se não acontecer o que espera, pode retornar aqui e eu devolverei o que me pagou.

Arlete sentiu-se segura, mas questionou:

– Ouvi dizer que em alguns a magia não pega. E se meu marido for um desses?

Ernesto riu diabolicamente.

– Ele é um fraco. Se não resistiu ao adultério, como resistirá aos efeitos de uma magia? Raras são as pessoas que não são atingidas por um trabalho desse tipo. Quem cede com facilidade aos apelos do sexo, como no caso do seu marido, não tem proteção alguma. Fique calma, tudo vai dar muito certo.

Arlete saiu confiante e foi a vez de Lucrécia entrar. Ela gostou do que viu, o ambiente lhe fez bem. À sua frente, Ernesto dizia:

– Foi muito bom você ter vindo. Vejo que é uma dama e que estava com receio, mas aqui é frequentado por pessoas de alto nível, não há o que temer.

Lucrécia tentou se explicar:

– Não é apenas isso. Sou uma pessoa materialista, nunca imaginei que pudessem existir poderes que interferissem na vida das pessoas. Sempre achei tudo muito fantasioso...

–Você terá todas as provas. Afinal, quer o Arnaldo de volta ou não?

– Que... que... quero sim. O que me aconselha?

–Vamos ver o que dizem as entidades.

– Não vai jogar o tarô, como fez com minha filha?

– Cada caso requer uma prática diferente. Com você agirei de outra forma.

Ernesto acendeu as sete velas pretas que estavam num castiçal e depois fechou os olhos, entrando em profunda concentração. Demorou alguns minutos e disse:

– O caso de seu marido não é fácil. Ele está realmente amando outra. Onde há amor fica mais difícil interferir, mas não impossível.

Foi duro para Lucrécia escutar aquelas frases, mas, criando coragem, perguntou:

– O que preciso fazer?

–As entidades que vivem comigo dizem que é preciso muito trabalho para que ele deixe a Alice e volte para você. Custará caro, e elas exigem o sangue de alguns animais.

Lucrécia começou a se assustar.

– Sangue?

– Isso mesmo. Mas você não terá de participar de nada pessoalmente. Tenho um terreiro em um local não muito distante, farei tudo com meus auxiliares. Irá pagar pelo trabalho e verá o resultado. Está disposta?

Ao ouvir o valor, Lucrécia quase desistiu, mas, ao pensar nas noites insones sem o marido ao lado, resolveu pagar.

Mais tarde, ao sair dali, estava confiante e serena, sem saber que estava se comprometendo seriamente com seres das trevas, que riam e rodopiavam ao seu redor.

4

Influências maléficas

Num luxuoso apartamento no Morumbi, um homem alto, de meia-idade, elegantemente vestido, cabelos grisalhos jogados na testa, falava ao telefone, demonstrando muito interesse na ligação. Estava em um quarto ricamente mobiliado acompanhado de uma jovem que, deitada em uma cama, parecia absorta em revistas de moda. Ao concluir o diálogo, ele pegou uma valise e, acenando para a jovem, saiu.

Arnaldo estava muito feliz com sua nova companheira. Alice era dedicada, amiga, conselheira, carinhosa e fiel. Há muito tempo sentia que não amava mais a esposa. Foi sincero ao terminar um casamento de tantos anos e assumir seu amor por outra. No princípio, ao ser correspondido por uma moça tão jovem, pensou estar entrando em uma cilada. Muitas vezes vira amigos deixar tudo por aventureiras, que tiravam tudo o que eles tinham e, após uma bela traição, abandonavam-nos. Ele não queria isso. Buscava amar e ser correspondido de verdade. Alice apareceu num momento em que ele estava se sentindo muito sozinho. Lucrécia havia mudado bastante. Eles se casaram por amor. Todavia, com o tempo, a esposa foi se tornando diferente.

Segura de que vivia um casamento eterno, foi se desleixando na aparência, já não se importava em manter viva a chama da paixão. Arnaldo era um homem amoroso e sensual, nunca se conformou com a mudança de Lucrécia e, quando percebeu que o amor havia acabado, só viu a separação como saída.

Conheceu Alice na empresa de um amigo. Era secretária. Apaixonou-se perdidamente, a cortejou e foi correspondido. Ela, a princípio, estava temerosa, não queria se envolver com um homem comprometido, mas a maneira como foi tratada, os carinhos, os mimos de Arnaldo fizeram com que cedesse. Seus pais levavam uma vida moderna, tinham um casamento aberto e, apesar de ser filha única, não se importaram quando ela revelou estar apaixonada por um homem casado.

Alice, no auge dos seus vinte anos, estava sendo sincera. Nunca se interessara por homens de sua idade, os mais velhos sempre a atraíram de forma excepcional. Estar com Arnaldo era tudo o que mais desejava na vida. Sem titubear, quando soube de sua separação, arrumou seus pertences e se mudou para um apartamento recém-comprado só para eles. Deixou a profissão por insistência do amado e passou a viver exclusivamente para ele.

Naquela manhã, resolveu que iria visitar os pais. Arnaldo iria passar o dia fora e ela não tinha muito o que fazer. Adorava trabalhar e, na primeira oportunidade, voltaria à ativa.

Arnaldo entrou em seu escritório e tentou se concentrar numa planta de um enorme edifício empresarial que estava sob sua responsabilidade. Era sua função, como engenheiro, planejar, projetar, gerenciar, supervisionar e fiscalizar as atividades de construção. Conseguiu concentrar-se por vinte minutos, logo depois, uma estranha dor de cabeça o acometeu. Pediu um comprimido e tentou relaxar, mas a dor persistia. Foi tão forte que acabou desmaiando. A secretária percebeu algo estranho e, ao entrar e encontrá-lo caído, mobilizou tudo para que ele fosse hospitalizado. Todos ficaram temerosos de que o pior tivesse acontecido. Horas depois, ao acordar no hospital, o médico lhe explicou:

– Sua pressão sanguínea subiu em demasia, mas agora está tudo bem. Algo o preocupa?

– Não. Estou muito bem. Nem sei como isso foi me acontecer...

– Muitas vezes as pessoas têm esses problemas e não sabem. Estou requisitando vários exames que você fará aqui mesmo no hospital. Ficará em observação hoje.

Arnaldo impacientou-se.

– Não posso permanecer aqui por muito tempo. Tenho um trabalho grande para realizar e minha esposa não sabe de minha situação. Não desejo ficar no hospital.

O médico insistiu:

– Não sabemos o que ocasionou a alta de pressão e o desmaio. Deverá ficar até sabermos a origem. Não insista em sair, pois pode ter outra crise e será pior.

Um arrepio perpassou o corpo de Arnaldo e ele resolveu obedecer, afinal, não era um homem que se descuidava da saúde.

– Tragam meu celular, preciso ligar para minha esposa.

Apesar das chamadas insistentes, Alice não atendia. Não estava no apartamento e, provavelmente, seu aparelho devia estar desligado ou descarregado. Mas ele tentaria outras vezes até conseguir.

Arnaldo não percebeu, mas ao seu lado um espírito de capa preta ria com muito prazer.

Alice chegou à casa dos pais e encontrou sua mãe sozinha entretida no computador.

– Onde estão todos? – falou beijando a mãe que, apesar da idade, era uma mulher muito conservada.

– Deixaram-me sozinha. Lúcia foi fazer compras para a despensa e seu pai deve estar no clube se divertindo com alguma garotinha. Eu estou procurando um garotão para hoje à noite.

Alice não se conformava com a vida que os pais levavam. Quando saiu de casa, até se sentiu aliviada por não estar compactuando com um modo de viver que ela julgava completamente errado. Onde já se viu aceitar traições?

– Não entendo como a senhora pode aceitar uma vida como esta. Sei que ama papai e deve sofrer por vê-lo te traindo.

Carmem soltou sonora gargalhada e respondeu:

– Todo homem trai, de uma forma ou de outra. Você deve se preparar, pois vai acabar sendo traída pelo Arnaldo. Quando percebi que fidelidade não existe, propus um casamento aberto, assim também me sinto livre para minhas aventuras e não me entristeço quando o Albano sai com outras. Depois tudo volta ao normal e acabamos novamente um nos braços do outro – fez uma pequena pausa e continuou: – Se eu fosse você tratava de propor ao seu marido uma união assim, para depois não ter queixas.

Alice não gostou do que ouviu e protestou:

– Não gosto dessa filosofia de vida. Só aceitei me relacionar com Arnaldo porque descobri que o amava de verdade. Se fosse por simples atração, jamais me envolveria com um homem comprometido.

Carmem deixou o *mouse* de lado e a fixou nos olhos:

– Não consigo entender por que você é tão careta. Às vezes penso que deveria ter tido mais filhos. Nunca fomos amigas, você nunca concordou com nada do que eu disse.

– Mas, mesmo assim, nos amamos e é isso o que importa. As diferenças não nos separaram.

As duas sorriram e Carmem convidou:

– Venha ao meu quarto, tenho umas fotos de uns rapazes com quem pretendo me relacionar e quero que você opine.

– Não, mamãe, sinceramente não gostaria de fazer isso. Escolha a senhora mesma.

– Bobinha.

Alice ficou sozinha na sala e resolveu dar uma volta no jardim que circundava a casa. Não eram ricos, mas tinham uma bela residência, herança de seu avô, pai de Albano. Tudo estava muito cuidado e limpo. Carmem podia ser uma doidivanas, mas gostava de cuidar de tudo com capricho. Depois de respirar ar puro, Alice resolveu entrar e só aí se lembrou que tinha deixado o celular descarregado na bolsa. Iria recarregá-lo assim que chegasse à casa da mãe, mas havia esquecido completamente. Quando ligou o aparelho, percebeu que havia várias chamadas vindas do telefone de Arnaldo. Ele não costumava ligar àquela hora da manhã, alguma coisa tinha acontecido. Preocupada, ela retornou imediatamente a ligação.

– Alice? Onde você esteve? – perguntou irritado. – Há horas que tento falar com você e não consigo.

– É que acabei me distraindo com a mamãe e esqueci de recarregar o celular. O que aconteceu? Você não costuma me ligar a essa hora. Algum problema?

– Não sei o que houve direito. Passei mal no escritório, minha cabeça doía sem parar. Tomei um comprimido e, mesmo assim, a dor não me deixou. Fui ficando sem ar até que desmaiei. Acordei no hospital e devo ficar aqui até amanhã fazendo exames. Eu sempre detestei hospitais, médicos, tenho verdadeiro horror a exames, temo que encontrem algo de grave – ele falava sem parar. – Não posso ficar sem você, por favor, venha imediatamente.

Alice se preocupava mais à medida que Arnaldo ia falando. Quando desligou o telefone e anotou o endereço do hospital, viu sua mãe se aproximar com várias fotos nas mãos.

– Esses são os garotos que posso escolher para me divertir ainda hoje. Olhe e me diga: qual é o melhor?

Alice saiu em disparada, deixando a mãe falando sozinha.

Carmem, ao vê-la sair, reclamou:

– É assim que os filhos de hoje são, uns ingratos. O que custava uma opinião?

Dizendo isso, subiu as escadas que levavam ao seu quarto sem se importar com a súbita saída da filha.

5

A chegada de Eduardo

Na casa de Lucrécia o clima era de despedida:

– É uma pena que você não possa ficar mais. Sua vinda aqui praticamente modificou minha vida. Nem sei como te agradecer por ter me levado ao pai Ernesto.

– Sinto que fui intuída a lhe falar sobre ele, e sei que nossa ida lá resolverá nossos problemas.

– Não estou tão confiante. Desejo ver para crer.

Arlete fez ar de desagrado.

– Essa sua falta de fé pode complicar. Procure acreditar para ajudar no trabalho. A fé é fundamental.

– Achei que fundamental fosse o dinheiro. Nunca vi alguém cobrar tão caro.

– Além do dinheiro, temos de vibrar positivamente, foi isso que pai Ernesto me ensinou – fez uma pequena pausa e prosseguiu. – Não posso ficar mais, meu voo é daqui a uma hora e não quero perdê-lo. Quero chegar ao Rio o mais rápido possível e tentar armar um flagrante do Bruno com a Diva.

– Não faça isso. Deixe tudo nas mãos da magia. Quer pôr tudo a perder? Depois o Bruno pode ficar revoltado, te deixar e o trabalho não surtir efeito.

– Ele não vai fazer isso. Sei de muitos segredos do Bruno. Ele está envolvido com pessoas do tráfico juntamente com a irmã e já o ameacei: se me deixar, conto tudo para a polícia.

Lucrécia não discutiu, sua filha deveria saber o que estava fazendo. Após os abraços, Arlete saiu e Lucrécia deitou-se em uma confortável poltrona pensando: "Como é bom saber que existe uma pessoa com capacidade para resolver nossos problemas. Se soubesse disso antes, não teria ficado tanto tempo sofrendo e chorando sozinha".

Uma entidade maliciosa que trabalhava com Ernesto estava ao seu lado e lhe dizia: "É isso mesmo. Há muitas coisas que você desconhece. Pai Ernesto resolverá todos os seus problemas, seu marido será só seu, acredite".

Lucrécia sentia aumentar sua confiança no trabalho que havia encomendado, e só o pensamento de que Arnaldo poderia voltar para casa a fazia vibrar de emoção. O toque alto do telefone a fez sair do devaneio.

– Alô?

– Mãe?! Está bem?

– Eduardo, meu filho! Que surpresa agradável! Esta semana foi maravilhosa, sua irmã passou alguns dias comigo e hoje você me liga.

– É... Mas o assunto talvez não lhe seja agradável. Estou precisando voltar a morar com a senhora, tem lugar ainda para mim?

– Como? – Lucrécia não conseguia entender, afinal seu filho morava fora de São Paulo havia anos, era bem empregado, o que estaria acontecendo...

– É que a empresa em que trabalho é muito grande e vai abrir filial em São Paulo. Como tenho experiência, fui designado para dirigi-la. – Após uma pausa, concluiu: – Tem um lugarzinho reservado para mim aí?

Muito feliz, Lucrécia respondeu sorrindo:

– Claro, meu filho, sabe que tanto Arlete quanto você são tudo o que possuo de mais precioso. Além do mais, esta mansão ficou muito triste depois que seu pai me abandonou por aquela vagabunda. Vivo sozinha, praticamente não tenho amigas, e sua presença aqui, sempre tão alegre e cheia de vida, vai me fazer muito feliz.

Eduardo ouvia com atenção e falou:

– Sinto que tem muita mágoa do papai, mas tente entender que cada um é livre e pode fazer o que desejar de sua vida. Ele optou por uma mudança, seja por amor ou não, quem somos nós para julgar? Enquanto guardar essa mágoa no coração não poderá ser feliz.

– Você fala isso porque não está em meu lugar. Ser traída e trocada nessa idade não é fácil, parece que acabamos morrendo um pouco.

Eduardo não queria continuar a conversa naquele momento e resolveu finalizar.

– Quando chegar aí conversaremos melhor. Acredito que no fim de semana já chegarei com a mudança.

Lucrécia exultou:

– Que maravilha! Vai trazer alguém com você? Uma mulher, por exemplo? Afinal, você já tem mais de trinta anos, já passou da idade de casar e me dar um neto.

Eduardo riu com prazer, enquanto disse:

– Estou solteiro como sempre e me sinto muito feliz assim. Quando chegar a hora saberei e poderei lhe dar o neto com quem tanto sonha.

A conversa continuou por alguns instantes e logo depois Lucrécia colocou o fone no gancho. Estava muito feliz. Teria o filho de volta ao lar e o marido também.

O espírito que estava acompanhando a conversa de Lucrécia desapareceu da mansão e foi para a casa de Ernesto. Era hora do almoço, e ele encontrou o pai de santo fazendo sua refeição.

– Pai Ernesto, pai Ernesto! – gritou alto aos ouvidos espirituais do médium.

– Quem deseja falar? – perguntou, interrompendo o almoço. Era comum os espíritos o procurarem em qualquer horário. Ele realizava muitos trabalhos e tinha muitos amigos no astral que faziam parte de uma falange que o avisava de tudo. Foi com a ajuda deles que Ernesto chegou ao sucesso e estrelato, participando até mesmo de programas de TV.

O espírito falava apressado:

– É o caso da dona Lucrécia, corremos perigo de fracasso.

– O que aconteceu?

– Um dos filhos dela está voltando para casa. Enquanto ele conversava com a mãe, senti algo estranho, daí usei minha vidência e o vi rodeado de muita luz. Parece que é uma pessoa ligada ao Cordeiro.

Ernesto não gostou do que ouviu.

– Vamos aguardar para termos certeza. Se for do lado da luz, pode atrapalhar um pouco, mas não acabará com nosso plano. Esqueceu-se como é difícil acabar com um processo de magia?

– Sei disso, mas é preciso estar atento. Os espíritas têm acesso a poderes que podem nos neutralizar. Lembra-se do caso da Hilda? Tudo estava encaminhado para ela morrer, mas levaram-na para um centro espírita, ela fez tratamento e ficou curada.

Ernesto estava irritado. Detestava lembrar que um dia foi espírita, por isso interrompeu e falou:

–Vamos acabar com esse papo porque preciso almoçar em paz. Fique atento e qualquer diferença no ambiente venha me falar.

O espírito saiu, mas Ernesto não conseguiu concluir sua refeição. Os grupos espíritas estavam se intensificando e sabiam lidar com as forças das trevas, muitas vezes inutilizando-as, principalmente se fosse um grupo sério. Resolveu meditar para encontrar uma solução.

Arnaldo, após fazer os exames requisitados pelo médico e receber os resultados, obteve alta e foi para casa. Tanto ele quanto Alice ficaram satisfeitos, pois os exames mostraram que Arnaldo estava com a saúde perfeita. No entanto, o episódio da dor de cabeça ficou sem explicação, e a partir daquele dia uma estranha sensação de vazio apoderou-se dele. Alice continuava tratando-o como antes, era uma relação carinhosa e cheia de cumplicidade. Mesmo assim, Arnaldo começou a pensar insistentemente na ex-mulher e nos filhos. Ocultando de Alice, quando não suportou mais a pressão dos pensamentos obsessivos, ligou para sua antiga casa. Lucrécia atendeu e exultou, porém disfarçou com um tom de voz formal.

– O que deseja?

Arnaldo pigarreou e não sabia o que dizer, afinal para que ligara? Que estranho impulso o fizera discar o número de sua antiga residência? Tentou ser natural:

– Liguei para saber se tem alguma notícia dos nossos filhos. Afinal, nos separamos, mas não me separei dos meus filhos. Sabe que os amo profundamente e jamais quero perder o contato com eles. Há meses que Arlete não vem me visitar nem me dá um telefonema. O Eduardo é sempre muito atencioso, me manda cartões e nos falamos regularmente. Mas hoje, em especial, bateu aquela saudade deles...

– Se gostasse realmente deles, não teria feito o que fez. Deixar uma família bem constituída para viver com uma aventureira não é atitude de um pai amoroso que pensa nos filhos.

– Lucrécia, não torne mais difícil a situação. Quando saí de casa nossos filhos já eram independentes. Alice não é nenhuma aventureira, é moça nobre e muito sensata. É duro dizer, mas você sabe que te deixei porque o nosso amor acabou. Preferi ser verdadeiro.

As lágrimas começaram a rolar no rosto de Lucrécia, que decidiu finalizar a conversa.

– Se o que deseja é saber de seus filhos, pois bem, Arlete passou alguns dias dessa semana comigo, veio resolver uns problemas do Rio. Mas a surpresa melhor tive hoje, pois o Eduardo me ligou dizendo que vai voltar a morar comigo aqui em São Paulo.

Arnaldo se alegrou. Eduardo era o filho de que mais gostava. Não conseguia esconder sua predileção, o que deixava, muitas vezes, Arlete enciumada e com raiva. Eduardo era culto, inteligente, perspicaz, maduro, tinha o porte atlético e arrancava suspiros por onde passava. Lembrava muito Arnaldo quando jovem. Ele se identificava muito com as ideias espirituais do filho, o qual era seu conselheiro. Jamais poderia contar a Lucrécia que foi Eduardo quem o apoiou na separação, dando força para que ele saísse de casa e fosse feliz.

– Meu filho vai voltar a morar em São Paulo? Não poderia acontecer coisa melhor. Quando vem?

– No início da próxima semana – falou Lucrécia sem muita vontade.

– Então me ligue assim que ele chegar, anote o número do meu celular. Não posso deixar de passar aí para dar um abraço em meu filhão.

Quando o telefonema terminou, Lucrécia estava muito irritada. Não aprovava a amizade profunda que existia entre pai e filho. Eduardo tinha ideias avançadas para seu tempo e muitas vezes influenciava o pai a agir de forma inconsequente.

Foi para o quarto e deitou-se. De repente, um pensamento lhe foi sugerido.

"E se a volta do Eduardo influenciar também a volta do Arnaldo para casa? Tenho certeza de que essa ligação já foi o trabalho de pai Ernesto funcionando. Como ele é bom!"

Animada, desceu as escadas, dispensou o motorista e foi dirigindo para o costumeiro salão de beleza que frequentava. Resolveu ficar bonita, afinal, tudo mudaria em sua vida. Pai Ernesto estava mostrando que tinha muito poder.

Depois que saiu do salão, foi às compras em badalado shopping e só retornou para casa muito tarde.

6

Negócios escusos

Assim que chegou ao Rio de Janeiro, Arlete tentou ser a mais amável das esposas. Procurou dissimular o ódio que sentia ao imaginar que Bruno estava tendo um caso com outra e só pensava em como flagrá-los para aprontar mais um escândalo.

Arlete era formada em secretariado, mas quando se casou optou pela vida doméstica. Seu sonho era muito simples: ser casada, ter seu lar, seus filhos e viver para o marido. Esse desejo casou-se com o de Bruno, que era machista e sonhava com uma mulher igual a sua mãe, que dedicasse sua vida a ele. Conheceu Arlete em São Paulo, quando prestava serviços para empresa. Do encontro casual ao namoro foi muito rápido, e logo os dois se viram apaixonados. Havia um problema, no entanto: eles moravam em cidades diferentes; a solução foi ele pedir para ser transferido à filial de São Paulo. Bruno não gostava dessa cidade, julgava-a sem atrativos, sem belezas naturais, e ainda havia seus pais que moravam no interior e ele os queria esquecer, mas por Arlete faria o sacrifício. Em pouco tempo estavam casados e ele a convenceu a ir morar no Rio. Lucrécia se opôs, mas Arlete já era maior de idade e seguiu com o marido.

Começou, para Arlete, o tempo da convivência matrimonial. Bruno apresentou sua irmã Elza, que logo se tornou sua amiga, mas percebeu que entre ela e o irmão havia um segredo que, com o tempo, iria descobrir. Bruno e Elza haviam feito sociedade com um grupo já reconhecido, e, como não tinham capital, entraram com o trabalho. Chegavam em casa tarde, às vezes com o dia já claro. Um dia Arlete acabou descobrindo que nos caminhões da firma ia droga, para ser entregue em outros estados. Ficou assustada e procurou esquecer, mas na primeira briga revelou ao marido que sabia da verdade e que, se ele a deixasse, a polícia seria avisada de sua atividade ilícita. Bruno e Elza entraram em pânico e até pensaram em matá-la, mas resolveram esperar, não podiam sujar as mãos daquela maneira, afinal, Arlete era filha de pessoas ricas e influentes, os dois poderiam ser desmascarados e seria pior. Bruno resolveu, então, sujeitar-se ao que a mulher pedia ou fazia, porém era um homem sedutor e não se contentava somente com a esposa, sempre tinha amantes. A cada descoberta era um escândalo. Arlete, apesar de ter sido criada com a mais esmerada educação, quando se descobria traída fazia escândalo, perdia a compostura.

Naquela tarde, ela estava preparando o jantar. Elza morava com eles desde o início do casamento, aliás, essa foi uma exigência do marido: ter a irmã por perto. Ele se sentia responsável por ela. Elza era sozinha, não tinha namorados, era sisuda e só vivia para os negócios. Apesar de ter um bom dinheiro, ela nunca se decidia a comprar apartamento ou casa e ia ficando ali com eles.

Arlete terminou o jantar e ficou na sala vendo televisão. Antes do horário costumeiro, Bruno e Elza chegaram com semblantes sérios mostrando preocupação. Enquanto Elza foi direto para seu quarto, Bruno abraçou e beijou a esposa, que inquiriu:

– Nossa, meu amor, o que está acontecendo? Algum problema no trabalho?

– As mesmas coisas de sempre, nada que possa te preocupar. A propósito, você chegou ontem de São Paulo e nem perguntei como está sua mãe. Que falta de educação!

– Dona Lucrécia está bem, aliás, bem melhor que nós, vivendo naquela mansão todinha para ela.

– Você sempre soube que nunca fui rico como você e sabe que a casa que posso te dar é esta. Senti uma pequena reclamação em seu comentário.

Arlete o beijou nos lábios, enquanto disse:

– Qualquer lugar do mundo com você é maravilhoso. Mas bem que você poderia ir trabalhar lá na filial de São Paulo e irmos morar todos juntos na casa de mamãe. Lá teria mais espaço até para nossos filhos, quando eles vierem.

– Você sabe que me irrito quando fala assim. Meu trabalho é aqui no Rio, minha vida é aqui. Não tente mudar minha vida.

Dizendo isso, saiu irritado e foi para o quarto. Arlete sentiu que algo estranho estava acontecendo. Bruno estava irritado, nervoso. Algo muito sério estava ocorrendo no trabalho e só podia ser ligado ao tráfico. Ficaria atenta para tentar descobrir. Todas as noites, depois que ela dormia, Bruno levantava-se da cama e ia para a cozinha conversar com a irmã. Certamente ela descobriria o que estava acontecendo.

Todos jantaram em silêncio. Como sempre acontecia, Bruno, pela madrugada, levantou-se e foi para a cozinha, onde sua irmã impaciente e fumando muito já o esperava. Arlete também se levantou e pé ante pé foi tentar ouvir algo.

Eles conversavam em voz baixa.

– Com o que nos aconteceu hoje, acho que realmente precisaremos ir embora do Rio.

Elza dizia furiosa:

– Eu não posso acreditar que fomos cometer aquele erro. Tudo estava indo tão bem!

Bruno retorquiu:

– Não adianta nos culparmos agora. O Leopoldo está seriamente desconfiado de que estamos fazendo algo errado na transportadora. Se descobrir o que fazemos, estaremos perdidos. Ele é um homem que gosta de tudo dentro da lei.

– Vamos dar um tempo e pedir transferência para a outra empresa de São Paulo. Não podemos sair assim rápido. Desde que soube da desconfiança dele, parei com todo o serviço e acredito que Leopoldo não encontrará nada de errado. Somos os chefes daquele departamento e até hoje nada fizemos para levantar suspeitas, a não ser aquele telefonema que demos para o Olavinho.

– Passaremos mais um mês aqui e depois diremos que nossos pais estão mal de saúde e que precisamos mudar de cidade para cuidar deles.

Elza fez um ar de incrédula.

– Não vai ser nada fácil. Acha que Leopoldo fará a troca assim? Nós somos muito eficientes aqui. Talvez não consigamos.

Dois espíritos vestidos com trajes que lembravam os antigos inquisidores medievais entraram no ambiente e se aproximaram de Bruno.

Bruno, de repente, falou em tom mais alto:

– Tenho uma ideia. O tráfico que ajudamos tem suas ligações em São Paulo. Podemos prometer que lá o serviço será melhor, dobrado...

Elza estava sem entender.

– E o que isso tem a ver?

– Podemos acionar nossos contatos e pedir um favorzinho... – disse com expressão maquiavélica e sorriso irônico.

–Você está falando em código. Não gosto disso, seja direto. Estamos sozinhos aqui, a tonta da sua mulher a esta hora está no décimo sono.

– Então serei claro. Os gerentes da transportadora lá são o Luciano e a Cleide. Podemos dar a ficha deles a alguns de nossos contatos e pedir que os eliminem. Com a Cleide e o Luciano mortos, pediremos a transferência, que nos será muito facilitada. Não acha fantástico meu plano?

– Não sou contra matar, mas só em último caso. Não acho necessárias essas mortes.

– E o que faremos? O telefonema do Olavinho foi gravado, se continuarmos aqui teremos de servir ao Macedo do mesmo jeito, transportando a cocaína. Logo seremos descobertos e, como a corda só arrebenta do lado mais fraco, seremos indiciados por crime hediondo inafiançável. É isso o que quer para sua vida?

Elza acendeu mais um cigarro e concluiu:

–Você está certo, aliás, como sempre. Então, a partir de amanhã começaremos nossos planos. Agora me responda: o que vai fazer com a Diva? Não está apaixonado por ela?

– É claro que darei um jeito de levar a Diva comigo, não a deixo por nada.

– Às vezes não entendo por que você não deixa logo a Arlete e assume que está com outra. Afinal, você casou por interesse, mas agora, com o dinheiro que conseguiu, não precisa mais dela para nada.

Bruno enfureceu-se.

–Você parece que não pensa. Tenho dinheiro, mas nasci numa família pobre em Guararema, nunca terei o prestígio social que tanto almejo se deixar Arlete e me casar com uma mulher como a Diva. Além de dinheiro, quero ser reconhecido socialmente. A família de Arlete em São Paulo é muito bem-vista na sociedade. O velho Cardoso, pai da dona Lucrécia, foi um barão do café muito influente. Apesar de ela estar separada agora, o nome da família continua tendo prestígio. Jamais deixarei Arlete. Jamais!

– Mas esse nome aqui no Rio de Janeiro de nada vale.

– Você é que pensa. A família de Arlete tem parentes até no governo.

Elza sorriu.

– Você realmente pensa alto. Agora vamos dormir que amanhã o dia será longo.

Eles não viram que Arlete estava escutando tudo e chorando copiosamente. Quando viu que a conversa estava encerrada, saiu rapidamente, meteu-se debaixo das cobertas e fingiu estar em sono profundo. Mas não conseguiu mais dormir. Lembrou-se de seus sonhos de juventude, em que se via amada, cuidando do lar com desvelo e amor. Recordou os primeiros encontros com Bruno, de sua falsa sinceridade, de seus olhos demonstrando amor e paixão. Como fora se enganar tanto? Mas, apesar de tudo, amava o marido com todas as forças de seu coração e jamais iria perdê-lo. De repente, pensou que sua ida para São Paulo seria providencial. Lá, pai Ernesto, que certamente afastaria Diva de seu caminho, iria fazer outro feitiço, agora para que Bruno a amasse de verdade. Todos os dias Arlete agradecia a Deus pelas pessoas que entendiam de magia e realizavam, assim, o desejo das outras.

O que Arlete não sabia era que, envolvendo-se com energias negativas do astral inferior, estava cada vez mais se comprometendo com a própria consciência e, terminado o prazo da magia, tudo iria ruir, destruindo de vez todos os seus sonhos.

7

O amor e o apego

Lucrécia acordou animada. Era o dia em que seu filho Eduardo estaria de volta a São Paulo. Arrumou-se com esmero, pois o esperaria no aeroporto de Guarulhos. Enquanto se enfeitava, procurou ser o mais provocante possível, apesar de já não conseguir pelo peso da idade, pois Arnaldo tinha adoração pelo filho e certamente estaria lá a esperá-lo.

Desceu as escadas e ficou fazendo hora, folheando uma revista da moda. Quando ia pedir para o motorista tirar o carro, percebeu que alguém abria a porta. Surpreendeu-se.

– Arnaldo? O que faz aqui?

Ele pigarreou e respondeu:

– Vim buscá-la para que, juntos, possamos ir esperar nosso filho. Parece que não o vejo há séculos. Essa volta do Eduardo foi o que de melhor me aconteceu ultimamente.

Lucrécia observou bem o ex-marido e pôde notar que ele não estava bem psicológica e fisicamente. Ela o conhecia o suficiente para saber que algo o abalava. Depois, era muito estranho o Arnaldo vir buscá-la. Será que já era o trabalho de pai Ernesto funcionando? Se fosse, ela teria motivos de sobra para comemorar. A curiosidade foi maior, e ela perguntou:

–Você está bem? Noto que está com olheiras, emagreceu e seu rosto está abatido. Parece que envelheceu uns dez anos.

– Não seja exagerada. Nada de mais está acontecendo comigo. Na realidade, desde o dia que minha pressão subiu eu não recuperei a saúde. Os médicos dizem que está tudo bem comigo, que tenho a saúde perfeita. Mas me sinto mal, tenho dores de cabeça, mal-estar, enjoo e o que mais está me deixando preocupado é a insônia. Há dias que não consigo fechar os olhos durante a noite. Viro na cama e, quando cochilo, tenho sonhos horríveis. Tenho pensado em procurar um psiquiatra. O doutor Rodrigues me indicou.

– Psiquiatra? Acha que é para tanto? Eu acho que o problema é com sua amante, provavelmente deve ter estourado todos os seus cartões de crédito e não deve lhe dar sossego.

Arnaldo arrependeu-se de falar sobre seu estado com Lucrécia, mas disse:

Não é nada com Alice. Já disse que vivemos muito bem. Até me arrependi de ter falado com você sobre meus problemas de saúde. Vejo que não mudou nada depois da separação, continua a mesma mulher de antes.

Lucrécia ofendeu-se.

– Como assim? O que pode haver de errado comigo? Não tenho culpa se os anos passaram e se já não sou a garotinha com quem se casou.

– Lucrécia – disse Arnaldo em tom lamentoso –, vamos parar por aqui para que não nos ofendamos ainda mais. O nosso objetivo hoje é receber nosso filho, e para isso precisamos estar bem. Nada seria pior para o Eduardo que o fôssemos receber com esses rostos compungidos e esse ar de derrotismo. Vamos nos esforçar para que ele se sinta bem aqui. Temo que Eduardo não fique bem com você. Desde os dezenove anos é independente, mora fora, é feliz. Não quero que se sinta mal aqui.

Lucrécia sentiu-se ofendida. Logo ela fazer mal ao filho! Mas resolveu não discutir, Arnaldo estava diferente. De repente, pensou que ele fora lhe buscar para agradar ao filho, e não tinha nada a ver com o trabalho do pai de santo. Sentiu-se depressiva, mas tentou se mostrar na melhor forma possível.

Já no carro com o ex-marido, Lucrécia quase não conversou, dando asas à imaginação, pensando estar com ele novamente e que tudo era como antes. Como o amava! Se soubesse o que tinha causado de fato a separação, faria de tudo para evitá-la. Se pudesse, voltaria no tempo. Algumas amigas diziam que os homens acabam se afastando das mulheres que só cuidam do lar, dos filhos, dos problemas domésticos, e que preferem as ardentes e sensuais. Ela nunca fora sensual. Aprendera que era venalidade mostrar que sentia desejo, e que só aos homens isso era permitido. Será que se tivesse sido boa amante Arnaldo a teria deixado? Essas e outras perguntas ocuparam sua mente durante o trajeto de casa até o aeroporto. Reconhecia que nos últimos tempos já não caprichava no visual nem fazia coisas para agradar ao marido. Quando ele a deixou de procurar na cama, conversou com uma amiga, que disse:

– É assim mesmo que acontece. Todo casamento é igual. No princípio são flores, mas os homens são venais, gostam de sexo, e nós, mulheres de respeito, não podemos fazer tudo o que eles querem. Se fizermos, onde estará nossa dignidade? É natural que procurem as mulheres de vida fácil para conseguir a satisfação dos baixos instintos.

Lucrécia questionou:

– Então passarei a viver sem sexo?

Zélia respondeu:

– Temos de nos acostumar. Chega um ponto no casamento que todo marido deixa de procurar a mulher, é natural. Procure se conformar, desenvolva atividades filantrópicas para gastar suas energias. Envolva-se com tarefas assistenciais, com arte, pintura e se sentirá completa. Verá que com o tempo o sexo não lhe fará falta.

Ingenuamente, Lucrécia acreditou naquelas palavras e procurou segui-las. Mas nenhuma tarefa que tentou fazer lhe agradara. Não era dada a artes, nunca aprendera a bordar, costurar, pintar, coisas que as mulheres de sua época haviam aprendido. Havia o piano, mas não sentia estímulo para dedilhá-lo. Então, foi ficando por ali, tentando se interessar pelos adornos da casa, pela organização do lar. Tentou trabalhos assistenciais, mas descobriu que não tinha o dom para a caridade.

O carro parou, e só então ela despertou para a realidade. Estavam no aeroporto e, pouco depois, quando viram Eduardo empurrando seu carrinho, correram para abraçá-lo. Eduardo era um jovem de beleza majestosa. Era louro como a mãe, mas havia puxado os traços fortes do pai, que demonstrava no rosto. Gostava de academias de ginástica e musculação, tinha o corpo perfeito. Os pais o adoravam. Durante o trajeto de volta para casa, crivaram-no de perguntas: "O que estava fazendo?", "O que pretendia, de fato, em São Paulo?" Eduardo ia respondendo àquela avalanche e sorria com a curiosidade dos pais. Ao sorrir, mostrava os dentes alvos, enfileirados e perfeitos, que se casavam perfeitamente com o par de olhos, que ora estava azul-celeste, ora prateado.

Ao chegarem em casa, foram para a sala. Arnaldo pareceu haver remoçado, de tão feliz próximo do filho. Lucrécia, ao vê-los em colóquio, lembrou-se do que o ex-marido lhe dizia:

– Eduardo saiu a mim em tudo. Nunca vi um filho se parecer tanto com o pai dessa maneira. É destemido, estudioso, sabe aproveitar as oportunidades. Tem meu porte, meu rosto. É tudo para mim!

Lucrécia não gostava e dizia:

– Pare com isso, a Arlete já percebeu sua predileção e sofre com essa situação. Essa sua mania de mostrar em exagero o que sente ainda vai deixá-lo em maus lençóis.

Mas Arnaldo não ouvia e desfilava com o filho adolescente por todos os lados. Naquela época, eles tinham intensa vida social e quase sempre a família aparecia nas mais diversas revistas da moda. Nunca havia fotos de Arlete com o pai, apenas de Eduardo.

Um dia, ao chegar em casa, Eduardo comentou:

– Pai, recebi uma proposta para trabalhar no Sul e estou deixando esta casa.

Foi como se uma bomba tivesse caído sobre Arnaldo, que contra-argumentou com veemência:

– Filho, como pode fazer isso? Você tem apenas dezenove anos! A lei não permite que vá morar em outro estado sozinho, é menor. Afinal, que empresa é essa que está agindo fora da lei e empregando jovens menores de idade fora de sua cidade?

– Não é fora da lei. É uma empresa que fornece cursos técnicos para quem quer aprender, e quem é aprovado passa a trabalhar. Recruta jovens com autorização judicial dos pais e é no ramo que eu gosto.

Arnaldo protestava sem entender.

– Mas filho, aqui em São Paulo há tudo o que um jovem possa querer para progredir e ter sucesso na vida. Não posso permitir – disse gritando e fora de si.

Eduardo foi para o quarto e ficou depressivo. Sabia que em São Paulo poderia fazer exatamente o que iria fazer no Sul, mas queria ser livre, independente, e o pai o estava sufocando muito. Queria treinar o desapego. Espírito livre e evoluído, não gostava de ficar preso a nada que o contrariasse. Os pais perceberam a situação e o levaram ao médico da família, que disse:

– É melhor deixar que o filho de vocês se vá. É jovem, tem espírito aventureiro. Se permanecer onde está e como está adoecerá. Faça o que é melhor para ele. Aprenda, Arnaldo, que nossos filhos não são nossos, mas sim da vida. Um dia todos teremos de nos separar para cada um seguir experiências diferentes. O apego é ruim e prejudica mais do que ajuda. Liberte sua criança.

Arnaldo chorava copiosamente. Era duro demais separar-se da pessoa que mais amava no mundo. Lucrécia também sofria, mas entendia que Eduardo era maduro o suficiente para morar só e cuidar de si mesmo, queria o bem do filho. Arnaldo não gostava de sua atitude e a acusava de não amar o filho tanto quanto ele.

A situação foi resolvida e Eduardo partiu. Então, Arnaldo adoeceu. Entrou em profunda depressão, abandonou o escritório e foi para uma fazenda que tinha no interior, lá, em meio ao verde, ao som das águas do córrego, conseguiu se acalmar. Um dia, enquanto estava na grama chorando, sentiu um torpor e percebeu que alguém se aproximava: era um anjo com asas, muito luminoso. Arnaldo sempre fora católico e, embora não praticasse a religião, acreditava em anjos guardiões. Sem entender bem o que estava acontecendo, perguntou:

– O que deseja aqui?

O espírito fixou-o profundamente e disse:

– Retome sua vida e procure a paz. A paixão tolda a razão e nos afasta do verdadeiro amor. É hora de libertar Eduardo de uma vez por todas, de lembrar que ele é seu filho e que, portanto, deve amá-lo como tal. O passado é para nós, muitas vezes, motivo de alegria e felicidade, mas é preciso deixar que ele se vá para que possamos ser felizes. O preço da liberdade é desamarrar todos os nós que nos incomodam e fazem sofrer. Entenda isso e procure ser feliz.

O espírito desapareceu muito rápido, mas Arnaldo nunca mais esqueceu aquela visão. Porém, não contou a ninguém, pois todos iriam achar que ele era louco. Depois disso ele melhorou. A saudade do filho ficou menor. Mesmo assim, eles se correspondiam com frequência, e foi com felicidade que tempos depois puderam presenciar sua formatura em Administração de Empresas. Naquela hora Arnaldo reconheceu que tudo foi para o melhor.

Na grande sala da casa de Lucrécia, todos ainda enchiam Eduardo de perguntas. Passava da meia-noite quando Arnaldo foi embora e mãe e filho foram dormir.

8

O casamento e as convenções sociais

Após o farto desjejum, Lucrécia foi sentar-se com Eduardo num dos bancos do jardim para conversar. Era muito agradável sentir o cheiro fresco da manhã e o perfume das flores, e ela queria aproveitar enquanto o filho ainda estava em casa arrumando suas coisas, antes de começar o trabalho.

– Imagino a vontade louca de seu pai de estar aqui agora conversando com você. Mas, infelizmente, não pode, deixou a família e vive só para aquela patricinha, que se diverte em gastar todo o dinheiro dele. Se estivesse conosco, poderia desfrutar muito mais de sua companhia, já que é apaixonado por você.

Eduardo a olhou seriamente, enquanto dizia:

– Apesar de o meu pai estar morando em outro lugar e com outra pessoa, não vou me privar de sua companhia. Saiba que pretendo estar com ele o máximo de tempo possível, o quanto meu trabalho me permitir. Irei visitá-lo e desejar-lhe boa sorte com sua nova companheira.

Lucrécia sentia-se magoada, porém, já sabia como Eduardo pensava e também que não fazia para ofendê-la. Mesmo assim, deixando uma lágrima teimosa cair do canto de um dos olhos, comentou:

– Não consigo entender como age com tanta naturalidade. Afinal, não estamos falando de um assunto qualquer que está acontecendo com outra família. Estamos falando de um lar que desmoronou por causa do adultério, e este lar é o nosso. Não vê como sofro com isso?

Eduardo não se perturbou.

– A senhora está sendo dramática como sempre. Consigo ver com naturalidade porque enxergo com os olhos da alma. Quando um casamento não dá certo, só há duas saídas: a separação ou a acomodação. Meu pai preferiu ser verdadeiro a ter de viver comodamente num lar e ter amantes fora. Foi decidido e seguro. Sei que é duro para uma mulher perder seu marido para outra, mas tudo fica fácil quando percebemos que cada pessoa age de acordo com seu nível de evolução espiritual. O fato de meu pai pedir o divórcio demonstra que tem maturidade, que sabe que pode ser feliz e refazer sua vida.

Nesse momento, Lucrécia já não continha o pranto. Entre soluços, retorquiu:

– E a mulher, onde fica? Abandonada? Deixada de lado após tantos anos de dedicação e renúncia?

– Olha, mãe, quando um casamento termina, não é apenas o homem o responsável. A mulher é que, na maioria das vezes, destrói o próprio lar. O homem procura intimamente uma companheira, uma mulher interessante, que saiba conversar sobre tudo, que seja arguta, inteligente, sensual, boa amante e que saiba conduzir com firmeza a família e os filhos. A educação errada da sociedade mata a mulher e deixa em seu lugar somente a empregada ou uma segunda mãe. As mulheres, quando casam, estão cheias de sonhos, mas a maioria está iludida, acreditando que, cumprindo as regras da sociedade, garantirão o casamento.

– E não é assim que acontece?

– Não, e a vida mostra isso todos os dias. A esposa que se abandona em favor do lar e dos filhos empurra inconscientemente o marido para uma amante.

Lucrécia estava incrédula:

– Que horror! Do jeito que você fala, eu fui a culpada de o Arnaldo ter me deixado.

– Isso eu não sei, só a senhora é que pode se avaliar e descobrir. Há também casamentos que não são feitos para durar. Em um relacionamento amoroso o que conta é a aprendizagem. A vida une e separa as pessoas conforme suas necessidades de evolução.

–Você fala diferente... Está seguindo alguma religião? Dessas que passam na televisão?

Eduardo riu com gosto e respondeu:

– Não, minha mãe. Sou espírita já alguns anos e tenho estudado a vida e como ela funciona. Não tenho religião.

– Mas o espiritismo não é uma religião? – Lucrécia estava curiosa, afinal, estava frequentando um lugar que julgava ser espírita.

– Não. O espiritismo não é religião, é uma filosofia que nos foi trazida pelos espíritos superiores e organizada em livros por Allan Kardec. Dessa organização surgiram *O Livro dos Espíritos*, *O Livro dos Médiuns*, *O Evangelho Segundo o Espiritismo*, *O Céu e o Inferno* e *A Gênese*. Trata-se de uma filosofia séria, baseada em princípios científicos e que vem mostrar verdades que os homens se debatem há milênios, buscando-as sem encontrar.

– Então deve ser a única filosofia verdadeira...

– Em hipótese alguma. O espiritismo não diz a última palavra sobre assunto algum, a revelação é progressiva. Há, também, outras escolas que estudam a vida e que estão certas em suas verdades. Por isso buscamos ser espiritualistas independentes e procurar a verdade sem a necessidade de rótulos.

Lucrécia, quase sem querer, acabou falando:

– O que sei é que os espíritas são muito bons, ajudam as pessoas a resolver seus problemas. Só acho que eles cobram muito caro pelas consultas. Uma amiga foi a um terreiro espírita fazer um trabalho e está gastando muito. Já que eles pregam a caridade, deveriam fazer tudo de graça.

Eduardo olhou-a fixamente, enquanto disse:

– É preciso cuidado. Terreiros, pais-de-santo, trabalhos de magia não pertencem ao espiritismo, e nem sempre estão ligados à espiritualidade elevada. Se cobram pelas consultas, muito pior. O trabalho com os espíritos superiores jamais deve ser cobrado, o médium que faz de sua mediunidade um comércio responderá no futuro às leis divinas pelo que fez. Geralmente, esses trabalhos são feitos por entidades negativas, que vivem nas trevas e depois voltam para cobrar pelo que fizeram.

De repente, Eduardo perguntou, movido por rápida intuição:

– A senhora não está metida nisso, não é?

Lucrécia corou rapidamente, mas logo se recompôs.

– Não! De forma alguma. A Zélia que procurou um pai de santo que vem tirando todo o seu dinheiro.

– Fiquei aliviado. Mas, quando puder, diga à sua amiga que ela precisa parar enquanto é tempo. Esses trabalhos têm um preço alto, e quem os faz terá de pagar, mais cedo ou mais tarde.

Lucrécia sentiu um arrepio estranho, não estava gostando daquela conversa.

– O que pode acontecer com quem encomenda um trabalho de magia?

– Muitas coisas. Os espíritos que fazem esse tipo de trabalho sempre querem algo em troca. Muitas vezes são objetos, sangue de animais, álcool, fumo. Mas quem faz um trabalho assim fica comprometido perante as leis universais, e, por mais que consiga seu objetivo, jamais será feliz. Terá por companhia espíritos doentes e perturbados, que sugarão suas energias e, quando desencarnar, poderá vir a ser escravo deles no astral, vivendo como cobaia em suas experiências.

Lucrécia ficou apavorada e resolveu mudar o rumo da conversa.

– Diga-me, quando vai me dar um neto? Estou ansiosa pelo meu primeiro. Arlete já é casada há alguns anos e nada, e você parece que nem pensa em nada sério. Pensei que fosse trazer junto com a bagagem uma mulher.

Ambos riram. Eduardo ponderou:

– É melhor esquecer essa história de neto de minha parte. Não penso em me casar e muito menos em ter filhos.

– Por quê? Um homem lindo como você ficar solteirão? Que desperdício! – falou melosa.

– Desejo ser livre, viver a vida do meu jeito, e uma pessoa ao lado está sempre disposta a atrapalhar. Gosto de namorar, curtir um bom romance, mas quando começa a ficar sério eu termino. Do amor só quero a melhor parte. A convivência, muitas vezes, destrói todo o encantamento.

– Por acaso é contra o casamento?

– É claro que não. Mas para casar há que existir amor verdadeiro, sem o qual nenhum casamento tem sucesso. Depois, as pessoas gostam de fazer do relacionamento uma muleta. Vivem pendurados um no outro. Definitivamente, eu não tenho vocação para o casamento.

– Mas ninguém pode levar uma vida inteira só namorando, sem ter algo sério. E quando a velhice chegar, e a solidão?

– A solidão é a falta da própria companhia. Eu, por exemplo, nunca me sinto só, pois estou sempre comigo, do meu lado, além disso faço somente o que gosto e o que me dá prazer. Depois, casamento não é garantia de companhia. A senhora, por exemplo, casou-se, teve filhos e hoje está só.

– Bem lembrado. Mas o que vou fazer se fui trocada? Na minha idade é feio tentar encontrar outro parceiro e, na realidade, ainda amo o seu pai. Faria tudo para tê-lo de volta.

– Nesse caso, é bom tentar esquecer o senhor Arnaldo. Conheço muito bem o meu pai. Ele está realmente amando Alice e deixou de amar a senhora.

– Você, às vezes, chega a ser cruel!

– Sou verdadeiro. Se o ama de verdade, guarde esse amor no seu coração e vá viver. Procure se interessar por outras pessoas, amar de novo. Nosso coração é grande e não amamos apenas uma vez. Quero sua felicidade, mas vejo que a tem colocado nas mãos do papai. Isso é muito ruim. Nossa felicidade não depende de ninguém, apenas de nós mesmos. Vou morar aqui e quero que muita coisa mude. Desejo que saia mais, chame suas amigas, a Zélia, a Hilda e as outras e procure se distrair. Não é bom ficar em casa remoendo o passado. Uma separação para uma mulher traz um recado: é hora de cuidar de si mesma, de se permitir ser feliz. Aquela que corre atrás do marido que a deixou, além de perder seu tempo, cria nele uma aversão que o deixará ainda mais longe.

Lucrécia estava confusa. Talvez não tivesse sido uma boa ideia Eduardo ter vindo morar em São Paulo. Ele era exótico, tinha ideias diferentes da maioria das pessoas, era estranho. Mas era seu filho. Fingiu aceitar o que ele disse e, quando Célia trouxe a bandeja com o lanche, já estavam falando sobre seu trabalho.

– Vou gerenciar uma loja de departamentos aqui em São Paulo. Nossa empresa cresceu muito lá no Sul e estamos abrindo filiais em vários outros estados.

– Você diz "nossa" como se algo ali lhe pertencesse. Li nos jornais que o dono é podre de rico.

– O Galvão realmente é muito próspero, mas saiba que comprei ações da empresa, também sou dono.

Lucrécia estava cada vez mais surpresa com o filho.

– Como conseguiu comprar ações tão caras?

– Não são muitas, mas penso em crescer, obter mais. Durante o tempo em que vivi no Sul, procurei usar apenas o necessário, economizei, prestei serviços a outras empresas e resolvi apostar nessas ações. Não me arrependo, sei que fiz a coisa certa.

– Não é à toa o orgulho que seu pai sente por você. É o filho que pediu a Deus.

Eles terminaram de lanchar e entraram. Eduardo foi para o quarto e, como a empregada já havia arrumado todas as suas roupas, resolveu arrumar seus livros numa pequena estante que ficava no canto. Logo surgiram os livros espíritas, tanto científicos quanto romanceados, livros de autoajuda que tanto lhe fascinavam e uma coleção de revistas espíritas. Eduardo procuraria um centro espírita em São Paulo pelo qual tivesse afinidade para frequentar. Não era médium, mas um estudioso e pretendia continuar seus estudos espiritualistas, que haviam começado no Sul.

Em seu quarto, Lucrécia tentava tapar o rosto com as almofadas, rolando nervosa de um lado a outro da cama. Não havia gostado do que Eduardo falara a respeito das magias nem havia concordado que fora ela a culpada pelo fim do casamento. Pensava que Eduardo era jovem e, por isso, nada entendia da vida. Ao seu lado, dois espíritos rodopiavam e diziam: "Isso mesmo, seu filho é um louco que quer confundi-la. Pai Ernesto é que é bom e vai trazer seu marido de volta".

Ela não ouviu, mas, de repente, pensou: "O que importa é que pai Ernesto vai trazer meu marido de volta. Onde já se viu uma mulher na minha idade sair à cata de homem? Eduardo só pode estar louco!"

Os espíritos gargalharam e, logo depois, quando viram que Lucrécia estava dominada por eles, saíram do ambiente.

9

Vítima da maldade

Bruno e Elza conseguiram com facilidade tudo o que pretendiam, mesmo tendo sido necessário matar. Ao comunicar à esposa que eles agora passariam a residir em São Paulo, ela não demonstrou nenhuma surpresa no rosto nem contestou, o que deixou Bruno muito desconfiado. Será que Arlete escutava suas conversas com Elza durante as madrugadas? Ela já havia descoberto o segredo dele na transportadora, mas jamais poderia saber certos detalhes. Ficou apreensivo durante um tempo, mas depois resolveu esquecer.

A volta foi calma, e logo se instalaram numa grande casa no Ipiranga. O bairro ficava distante da residência de Lucrécia, mas Bruno tinha carro e, sempre que podia, Arlete estava com a mãe e, agora, com Eduardo.

Numa noite, enquanto Arlete dormia profundamente, Bruno rolava insone sem saber o que tinha acontecido ao certo com Diva. Começou a relembrar desde o dia em que lhe disse que ia para outra cidade. Estavam num motel e, quando ele terminou as explicações, Diva protestou:

– Você sabe que não posso sair daqui e ir com você. Tenho mãe doente, meu pai é aposentado, o dinheiro em casa mal dá para os remédios. Sou a caçula e tenho de zelar por eles. Mas me dói deixá-lo ir e só vê-lo vez por outra – disse quase soluçando.

Bruno gostava de Diva com todas as forças de sua sensualidade. Seu sorriso maroto, seu jeito de menina, mesmo já passando dos trinta, deixava-o inebriado. Além do que era excelente amante, coisa que todo homem desejava. Não podia e não ia ficar sem ela.

– Você terá de vir comigo, amor. Como poderemos ficar tão longe um do outro? Você sabe que meu trabalho exige muito de mim, não terei tempo nem tantas desculpas para estar no Rio todo fim de semana, você aguentará ficar sem seu moreno?

Ela se derreteu toda:

– Você tem razão. Não posso de forma alguma vê-lo longe, já me basta a condição de amante. Direi aos meus pais que encontrei uma excelente proposta de emprego em São Paulo e que estou partindo. Laura é casada e mora perto, tem um bom trabalho, poderá arrumar uma empregada para cuidar dos meus pais ou, então, ela pode ir com o Durval e a Cíntia morar lá em casa, o espaço é grande e dá para todos. Além do mais, tem o meu irmão mais velho, que tem dinheiro e poderá fazer algo, se acontecer o pior.

Bruno estava feliz, conseguia sempre tudo o que desejava. Sorrindo, falou:

– Não disse que você encontraria a solução?

– Por amor faço tudo!

Os dois trocaram beijos apaixonados, depois ela perguntou:

– Quanto tempo tenho para arrumar minhas coisas?

– Quinze dias, no máximo. Estou cuidando da minha transferência e a da minha irmã e devo demorar por causa da burocracia.

Havia um casal que fazia esse trabalho lá em São Paulo, mas foram assaltados e mortos misteriosamente, não há ninguém para substituí-los melhor que eu e a Elza.

– E aqui? Quem fará o trabalho de vocês?

– Aqui é mais fácil. A empresa já tem pessoas à nossa altura, enquanto lá eles não encontraram gente de confiança. Mas não vamos ficar aqui falando de empresa, que você não entende nada. Vamos nos amar mais uma vez e depois você segue para casa e começa a arrumar suas coisas. Dentro de quinze dias partiremos.

Depois que eles saíram do motel, Diva pediu um táxi e desceu numa avenida próxima a sua casa. Ela não queria que a vissem chegando de carro.

Diva morava numa rua pobre, no terceiro andar de um prédio antigo, que pela aparência havia anos que não era reformado. Andando pela calçada, ela ia refletindo. Apesar de amar os pais e se apiedar da situação em que viviam, ela não podia ficar sem o homem amado e, além disso, não estava suportando a vida que levava. Não tinha curso superior nem emprego fixo. Para ajudar na renda doméstica, ela fez testes, foi aprovada e passou a ser diarista em casas de bairros mais abastados. Foi lá que conheceu Bruno, quando trabalhava em sua casa, e ambos se apaixonaram. Ele amou-a pela primeira vez dentro da própria casa, e ela ficou feliz em vê-lo com tanta coragem. Enquanto ia pensando e andando devagar, não notou que sombras sinistras se aproximavam dela. Muitas já viviam com ela pelo teor de seus pensamentos e suas ações, mas as outras acabavam de chegar com um plano pronto para tirá-la do caminho de Arlete. Eram espíritos que trabalhavam no terreiro de pai Ernesto.

Diva estava subindo as escadas e, quando chegou no topo, sentiu um forte empurrão que a fez rolar escada abaixo. Caiu desmaiada. A dona do prédio, uma senhora magra e de cabelos compridos amarrados em rabo de cavalo, ouviu o barulho, mas quando chegou já era tarde. Diva estava sangrando e parecia morta. Logo, outros vizinhos começaram a chegar e providenciaram um carro, levando-a para um pronto-socorro. Após o atendimento, a enfermeira disse:

– Ela está mal e pode entrar em coma. Devem removê-la daqui, pois precisa de uma UTI. A pancada atingiu a nuca, e ela deve fazer exames para ver até que ponto o cérebro foi atingido. Há um corte profundo e hemorragia.

Firmina era mulher ágil e, como dona do prédio, sabia que não podia contar com a ajuda dos pais de Diva, que eram pobres e doentes. Do próprio hospital ligou para Álvaro, irmão abastado da moça, que logo tomou todas as providências.

Diva foi internada num hospital particular e os exames mostraram que a queda tinha provocado uma grande lesão cerebral, ela precisava ser operada. Todos se enterneceram. A família, em estado de oração, ficou pelos corredores do hospital, até que um dos médicos saiu e falou:

– A cirurgia foi um sucesso, mas ela está em coma profundo, o que nesses casos não é anormal. Após algumas horas, vamos reavaliar o caso e saber com mais precisão o que fazer. Se permanecer no coma, não saberemos quando vai despertar. Vão descansar e amanhã, no horário de visitas, poderão retornar.

– Eu gostaria de estar aqui quando Diva acordar, quero dormir no hospital – disse Eva, que era esposa de Álvaro e muito amiga de Diva e, além de tudo, sua confidente. Sabia do relacionamento que ela mantinha com Bruno.

O médico alertou:

–Você pode alugar um quarto e ficar, mas só poderá entrar na UTI para vê-la nas horas certas.

– Obedecerei, mas tenho certeza de que ela acordará logo e ficará muito feliz com a minha presença.

Álvaro não gostou, mas não queria contrariar a mulher e acabou permitindo. Ele sempre tentou ajudar a família, mas seu Onofre e dona Edionor eram muito orgulhosos e não aceitavam nenhuma ajuda dele. Viviam quase na miséria, não fosse o salário que Diva ganhava como diarista. Ao sair do hospital, resolveu ir para casa e tentar consolar os pais.

O espírito de Diva acordou pouco depois da cirurgia e pairava alguns centímetros acima do físico. De repente, recebeu um puxão e uma mulher vestida com uma túnica preta a olhou com ironia e falou:

– Nunca mais acordará desse estado em que está.

Diva estava confusa.

– Que estado?

– Não percebeu ainda que está em coma na UTI de um hospital?

Ela pensou estar sonhando, mas olhou em volta e viu seu corpo cheio de tubos e fios. Aturdida e muito nervosa, começou a gritar.

– Quero sair daqui, você é uma louca! Como posso estar naquela cama e ao mesmo tempo aqui? Isso é um delírio que logo vai passar.

Mas não passou. Diva, desesperada, sentou-se no chão e passou a esperar para ver o que acontecia. A mulher com aspecto terrível e amedrontador estava com ela e não a deixava um instante sequer. Ela via o médico entrar de quando em vez e também as enfermeiras e, ao concluir que realmente estava em coma e ao mesmo tempo viva, desmaiou.

Quando acordou, algum tempo mais tarde, a mulher estava ao seu lado e lhe disse:

– Quanto tempo pretende ficar assim? Precisa aceitar a realidade.

Ela tomou forças e perguntou:

– Que realidade?

– Nós, eu e meus amigos, te empurramos daquela escada e você entrou em coma. Não poderá mais viajar com seu amante e ficará presa a uma cama de hospital. Vai demorar muito tempo para acordar, o tempo suficiente para Bruno te esquecer.

– Por que estão fazendo isso comigo? – perguntou Diva entre lágrimas.

– Trabalhamos para pai Ernesto e fazemos tudo o que ele manda.

– Pai quem?

A outra falava orgulhosa:

– É um pai de santo muito bom, que mora em São Paulo. – Ela parou, abriu uma bolsa que trazia consigo e dela retirou uma foto.

– Conhece essa moça?

De pronto Diva não conseguiu lembrar, mas a cabo de poucos segundos reconheceu Arlete, esposa de Bruno. Tinha certeza de que era ela, pois um dia, remexendo na carteira dele, havia visto aquela mesma fotografia.

– Essa é Arlete, mulher do Bruno, que como você mesma já disse é meu amante. Mas o que tem ela a ver com tudo isso?

– Tudo a ver, queridinha. Arlete é moça esperta e ama o marido. Sentiu que estava sendo traída e procurou os serviços de pai Ernesto. Fizemos um trato: tiraríamos você do caminho dela e ela nos daria outras coisas. Primeiro tentamos fazer com que vocês brigassem e ele se desinteressasse, mas não conseguimos. Com uma peça íntima dele tentamos baixar o teor das energias sexuais que ele possui, mas também não conseguimos. Até que o exu que comanda pai Ernesto sugeriu esse plano.

Diva estava aterrorizada e gritou:

– Afaste-se de mim, saia!

A outra gargalhou.

– Minha função aqui é fazer com que você não retome o corpo de forma alguma. Não conseguimos matá-la. Tem um filho do Cordeiro que protege seu cordão de prata para que não morra, talvez porque não seja mesmo seu dia, sei lá. Mas o que importa, para nós, é que você fique inconsciente e ele a esqueça.

– E por que esse mesmo filho do Cordeiro não me protege e não me tira do coma?

– Bem se vê que você não sabe nada. Ao se meter com um homem casado, você ficou sem proteção espiritual. Tudo piorou quando você passou a alimentar o desejo íntimo de separá-lo da esposa, fixando na mente planos mórbidos. Não venha querer me enganar. Sei que de santa você não tem nada.

Diva, meio zonza, ainda conseguiu protestar:

– Muitas mulheres têm romance com homens casados na Terra e nem por isso algo acontece com elas.

– Mas elas não sabem quanto ficam sem proteção. Na comunidade em que vivo, o sexo é livre e o casamento não é respeitado, mas os seres da luz não aprovam quem comete traições conjugais na Terra, e deixam essas pessoas livres para sofrer as consequências.

– Então estou sendo punida?

– Deve estar! Onde vivo há punição. Se meu chefe pune, Deus deve punir também.

Diva chorava copiosamente, e todas as vezes que tentava retomar o corpo, a mulher horripilante e sinistra a impedia. Por fim, já cansada e julgando estar sendo punida pelo adultério, ela resolveu ficar passiva e passou a ficar o dia inteiro dormindo no chão do hospital ou sobre o próprio corpo inerte.

Alheio a tudo isso, Bruno pensava na fatalidade que ocorrera à mulher que ele tanto desejava, e não conseguia entender. Todos os dias, ligava para o Rio na tentativa de receber boas notícias, mas era sempre a mesma coisa. Diva não saía do estado de coma. Com o tempo, Elza acabou o induzindo a esquecê-la, coisa que ele fez com facilidade. Não imaginava Bruno que o adultério mal-intencionado, tanto para a mulher quanto para o homem, acarreta sérios compromissos de reajustes dolorosos que todos terão de enfrentar, cedo ou tarde.

10

O desespero de Alice

Garoava à noite, e Alice havia mandado preparar um jantar especial à luz de velas para ela e Arnaldo. Próximo ao prédio onde residiam havia um excelente restaurante, de modo que ela praticamente não precisava preparar nada, bastava ligar e eles entregavam o pedido. Habituada a uma infância e adolescência apenas voltada para os prazeres e diversões, ela não havia aprendido nada sobre prendas domésticas. Sua mãe dizia que isso era coisa de outros tempos e que não iria criar sua filha única para viver enfurnada em casa, fazendo trabalhos domésticos.

Quando o serviço do restaurante entregou a refeição, Arnaldo havia acabado de sair do banho e logo estava à mesa. O aparelho de som tocava canções de Caetano Veloso, que Alice selecionara especialmente, pois sabia que ele adorava. Aquele momento estava sendo mágico para ela. Desde que Eduardo chegara, havia quatro semanas, Arnaldo inventava um pretexto para ficar à noite com o filho em sua antiga casa. Ela não sentia ciúmes de Lucrécia, sabia que Arnaldo a amava, mas ao mesmo tempo estava sentindo sua falta. Todas as noites ele só aparecia depois das onze. Alice, já ensonada, às vezes nem percebia e, quando ainda estava acordada, sentia que Arnaldo não estava com disposição para o amor. Então resolveu agir. Conversou com ele e pediu que ficasse mais tempo com ela, ao que ele concordou. Aquela noite era o momento de estarem juntos, e ela aproveitaria ao máximo. No entanto, mesmo com todo o clima de romantismo, Alice sentiu-o distante. Teve até a impressão de que seu desejo mesmo era estar em sua antiga casa.

– O que está acontecendo com você, amor? Onde está neste momento?

Arnaldo assustou-se e respondeu:

– Desculpe, querida, pensava em Eduardo e no que conversamos ontem. Meu filho tem uma filosofia de vida maravilhosa. Tenho descoberto um mundo novo com ele.

Alice percebia que falar do filho era a coisa de que Arnaldo mais gostava, e deu largas à conversa.

– Ele veio poucas vezes ao nosso apartamento, mas percebi que é realmente inteligente. Pensa diferente da maioria das pessoas, tem coragem de se mostrar como é. Admiro pessoas assim, ele é uma cópia sua.

Arnaldo soltou o talher e falou com orgulho:

– Ele não é uma cópia minha, quisera eu. Eduardo é tudo o que eu queria ser e ainda não sou.

Alice levantou-se e o abraçou pelas costas, beijando-o.

– Ainda bem que se entendem e se amam, assim como nós.

Ele respondeu reticente:

– É, querida. É...

Alice não aguentou e desabafou:

– Não adianta, Arnaldo, você já não é o mesmo comigo. Tem algo acontecendo de muito errado conosco, ou melhor, com você.

Eles deixaram a mesa e o jantar pela metade e foram para a sala.

– Você sabe que depois daquele súbito desmaio nunca mais fui o mesmo. Tenho feito exames, mas os médicos não encontram nada. Continuo lento no trabalho, esquecendo coisas... Só melhorei depois que meu filho voltou a morar aqui. Basta estar na presença dele para que me sinta melhor. Você está certa, meus sintomas continuam. Foi-me sugerido um tratamento psiquiátrico, como você sabe, mas sinto receio de que pensem que estou louco. Nunca fui homem de chiliques.

– Não é a isso que estou me referindo. Embora saiba que você está abalado psicologicamente, sinto que nossa relação mudou. Você não me olha mais com paixão como antes, está frio, seus gestos demonstram que não sente mais carinho por mim como no princípio. Sou sensível e percebo quando algo está errado. Toda mulher sente quando seu parceiro muda. Muitas querem se enganar e fazem como avestruz, enfiam a cabeça na terra e fingem não ver, mas sou prática e você sabe disso. Portanto, me responda agora: não me ama mais, está em dúvida sobre nosso amor?

Arnaldo não esperava aquele desabafo inesperado e ficou sem saber o que responder de pronto. Algo estranho estava acontecendo com ele, e que não havia revelado a ninguém. Havia algum tempo vinha pensando com insistência em Lucrécia e em tudo o que viveram juntos, até saudade voltou a sentir. Recordava com nitidez suas viagens à Europa, seus fins de semana no haras, a chegada dos filhos... Eram pensamentos carregados de emoção e, após o retorno de Eduardo, eles foram ficando mais intensos. Na verdade, estava adorando o clima do seu antigo lar e achando aquele apartamento sufocante, pequeno. Em contraposição, sentia que amava Alice com todas as forças de seu coração, não queria deixá-la, mas em sua sutil obsessão já até havia levantado a hipótese de regressar ao lar que abandonara. Pensou rápido e tentou contemporizar.

– Que é isso, amor? Em nada mudei com você. São os meus problemas que estão me deixando assim. Você sabe que até a principal obra sob minha responsabilidade está atrasada – falou isso e puxou-a de encontro ao peito.

Ela conseguiu se afastar e continuou:

– Não, Arnaldo. Sei que não está sendo sincero. Gostaria que pensasse bastante no que vou dizer. Amo-o profundamente e faço qualquer coisa para estar ao seu lado. Deixei meu emprego e desisti de fazer um curso superior para me dedicar apenas a nossa vida, a você. Talvez esse tenha sido o meu erro. O que faço agora da vida? Enquanto você trabalha, passo o dia em cinemas, teatros, shoppings, centros de lazer, apenas isso. Tudo bem que sempre saio com a Rose e a Magali, que são minhas melhores amigas, mas acho que tenho descuidado de mim por causa de você. Isso nunca dá certo. Estou disposta a retomar meu trabalho, estudar e não desejo que se oponha. Se sentir que seu amor por mim terminou, não titubearei em deixar este apartamento e voltar para a casa de meus pais. Não sou, nem quero ser como a Lucrécia. Se quiser me deixar livre, faça-o, pois eu sei me virar.

Arnaldo estava cada vez mais estupefato com tudo o que ouvia. Parecia que Alice era outra pessoa. Será que ele havia dado motivo para tanto?

– Querida, creio que você está completamente enganada. Amo você profundamente. Sempre te amei, desde o princípio, e vou te provar agora, deixando-a voltar a trabalhar e estudar. Sinto se não estou sendo o homem que você deseja, mas creia que procurarei um psiquiatra e vou me tratar. Não posso permitir que nada abale nossa relação. Por você joguei fora um casamento de mais de trinta anos, amo-a com paixão, com loucura.

Ele puxou Alice e ela não resistiu, era completamente apaixonada por ele. Foram para o quarto e se amaram como há muito não faziam. Horas mais tarde, enquanto ele dormia, Alice foi ao telefone e, angustiada, esperou que sua amiga Magali atendesse.

– Alô? – falou uma voz preguiçosa do outro lado da linha.

– Magali?! Que ótimo que atendeu! Desculpe, amiga, te ligar neste momento, a esta hora da madrugada.

– O que aconteceu? Foi alguma coisa muito grave, senão não haveria motivo para uma ligação a esta hora.

Alice começou a falar e logo o choro veio junto.

– Sinto que estou perdendo o Arnaldo. A vida está me castigando. Tirei um homem do lar, destruí uma família e não vivi feliz nem três anos.

– Quanto drama! – falava Magali, agora completamente acordada. – O que foi que houve?

– Como você sabe, o Arnaldo está diferente, mudou muito, já não é o mesmo comigo. Hoje fiz um jantar especial, mas ele parecia estar em outro planeta, mal tocou na comida. Falei o que sentia, mas não me convenci com suas respostas. Sei que está deixando de se interessar por mim. O que farei sem ele?

– Calma! Você sempre foi muito racional e inteligente. Todo mundo sabe que o Arnaldo te ama. Nenhum homem deixa uma família sólida como a dele se não for por amor. O Arnaldo tem passado por problemas, pode ser isso.

– Não é! Eu sei, eu sinto. Agora mesmo fizemos amor como no princípio, mas, quando tudo terminou, ele virou para o lado e dormiu. Isso não é normal, não com ele. Além disso uma série de fatos vem acontecendo. Desde que Eduardo, o filho mais velho, voltou a morar aqui, tenho passado as noites sozinha vendo TV. Ele fica na casa da ex e, quando volta, geralmente já estou dormindo. Você sabe que me dou o valor, não aceito menos. Se alguém não me valoriza como deve, eu termino a relação, mesmo amando.

Magali ponderou:

– Também não é para ser radical assim, mas penso que seu problema pode ter outra origem.

– Qual?

– Desde aquele desmaio estranho do Arnaldo, tenho tido suspeitas, mas nunca lhe disse nada temendo uma bronca.

Alice ficou curiosa, será que a amiga sabia de coisas da vida do marido que ela mesma ignorava?

– Conta logo, o que é?

– Penso que sua relação com Arnaldo está tendo interferências espirituais.

– Lá vem você com esoterismos. Sabe que não acredito nessas coisas.

– Mas deve começar a acreditar. O Arnaldo a ama e se está mudando assim e com esses problemas de saúde que nenhum médico consegue curar, é porque provavelmente está sendo obsediado.

– Como? Obsediado? O que é isso?

– Assim, por telefone, é ruim explicar, mas amanhã podemos marcar para sair e te explicarei tudo. Se for mesmo obsessão, você pode até perder o Arnaldo. Você não sabe, mas tenho estudado a vida espiritual e frequentado um centro espírita que fica próximo da minha casa. Já descobri coisas incríveis. Por coincidência, acabei de ler um livro maravilhoso do Chico Xavier, ditado pelo espírito André Luiz, que se chama *Libertação*. Tenho certeza de que o li na hora certa, tenho muitas informações para te passar.

Alice estava achando aquilo uma loucura, mas confiava demais em Magali e queria saber o que a amiga tinha para lhe dizer.

Magali continuava, ao telefone:

– Procure ficar na paz. É nas horas da tormenta e dos problemas que temos de nos recolher em prece e pedir a ajuda de Deus e Jesus. Há quanto tempo você não reza?

– Ah, minha amiga, eu nem sei fazer isso. Nunca me ensinaram. Depois, pelo que ouço dizer, Deus não dá ouvido às adúlteras – falou com um riso nos lábios.

– Nada disso. Quem pensa assim são os fanáticos religiosos. Jesus perdoou a adúltera e não a condenou. Vá deitar, reze, peça ajuda a Deus, a seus amigos do astral e ao seu anjo guardião. Coloque sua mão direita sobre a testa de Arnaldo, enquanto ele dorme, e imagine que dela está saindo uma luz azul. Depois entregue seus problemas nas mãos de Deus e vá dormir. Amanhã será outro dia.

Alice, mais tranquila, retorquiu:

– Não sabe como estou aliviada. Foi muito bom ter falado com você. Não sabia que estava tão religiosa! Andamos sempre juntas e você nunca me disse nada!

– Em primeiro lugar, não estou religiosa; em segundo, só precisamos falar sobre as coisas da vida espiritual em momentos certos, em horas propícias. Agora precisamos de uma boa noite de sono.

Ambas desligaram e Alice orou com sinceridade, pedindo a Deus que ajudasse Arnaldo e protegesse seu relacionamento com ele. Depois, colocou a mão sobre sua testa e realmente uma energia azul saiu dela e penetrou o coronário do homem amado.

Atentos a tudo o que acontecia desde o jantar, dois espíritos com trajes negros, agora com semblantes preocupados, conversavam a um canto do quarto.

– Isso não estava em nossos planos. Pai Ernesto ficará furioso. O que faremos?

– Iremos até ele e contaremos tudo. Se Alice ceder a essa influência da amiga, muita coisa ficará difícil.

– Pode ser, mas não podemos nos esquecer que Arnaldo tem aquele ponto fraco, e com ele a causa já está ganha, em menos de um mês voltará para Lucrécia.

– É, mas lembre-se que pai Ernesto deu um tempo certo para ela. Se essa amiga a influenciar, pode ser que demore muito mais.

– Por isso temos de ir agora acordar o pai Ernesto e ver o que podemos fazer.

Os vultos escuros desapareceram rapidamente.

11

Convivendo com o sentimento de culpa

Em um elegante restaurante, Arnaldo e Eduardo aproveitavam o almoço que marcaram para conversar. Havia alguns dias, Arnaldo decidira contar ao filho o que estava acontecendo em sua vida, seus problemas, seus pensamentos obsessivos, na esperança de que ele o orientasse. Eduardo era dono de uma inteligência incomum, e o pai sabia que com que ele encontraria alguma solução. Aliás, bastava a presença do filho para que ele se sentisse melhor. Quando terminaram de almoçar, enquanto aguardavam a sobremesa, Arnaldo começou:

– Marquei este almoço não simplesmente para mudar de ambiente ou como distração. Como pode ver, pedi uma mesa em local reservado para que pudéssemos conversar sem que algum conhecido nos interrompa. Tenho passado por problemas, filho, e sei que você pode me dar um caminho, uma solução.

Eduardo fixou-o com firmeza, quando disse:

– Tenho notado que não anda bem. Já não é o pai alegre, bem-disposto e empreendedor de alguns meses atrás. Mas percebi que fica pior em seu apartamento. Nas poucas vezes que fui lá, notei que fica calado, carrancudo e com certa tristeza no olhar. Afinal, não está feliz com a mulher que ama?

– Não é tão simples assim, meu filho. Há algum tempo tive um desmaio estranho, minha pressão subiu e fiquei internado. Após os exames requisitados, os médicos disseram que eu estava sadio, que meu corpo não apresentava nenhum problema. Mas, ao sair do hospital, parece que uma espécie de depressão me invadiu. Não me sinto em paz em casa com Alice, a mulher que amo, ando esquecido das coisas, meu trabalho tem sido prejudicado com isso, não consigo me concentrar direito.

Arnaldo estava constrangido por falar aquelas coisas para o filho, mas não viu olhar de crítica no rapaz e sentiu-se encorajado para se abrir. Após uma pausa continuou.

– Meu corpo não anda bem, sinto enjoos, tonturas, dores de cabeça. Já passei por vários médicos, e os exames nada acusam. Mas o pior e o que me deixa mais intrigado é o fato de estar constantemente pensando em sua mãe.

Eduardo não sabia que o problema era tão grave, e logo imaginou o que estava acontecendo, mas não tinha como dizer ao pai. Arnaldo era um homem bom, mas completamente materialista, apesar de ter tido uma educação religiosa. Era católico. Nas conversas que tinham, sempre que mencionava espíritos, médiuns, o pai mudava de assunto, dizendo ser ideias de pessoas ignorantes e simplórias. Mas resolveu tentar:

– Como são esses pensamentos com relação à mamãe?

– Não sei explicar. Eles aparecem fortes, carregados de emoção e são insistentes. Tem dias que, mesmo reconhecendo amar Alice, sinto que devo voltar para casa e reassumir a relação que tinha com sua mãe. É uma loucura, tento parar de pensar, mas não consigo.

Lágrimas brotavam do rosto de Arnaldo, e Eduardo, pela primeira vez, viu o pai fragilizado. A sobremesa chegou e eles não deram importância. Eduardo, com voz firme, decidiu dizer o que lhe estava no íntimo:

– Pai, ouça bem o que vou lhe dizer, é sério e gostaria que não me interrompesse. Sabe que quero sempre o seu bem e o apoiei quando resolveu sair de casa para ser feliz. É meu dever de filho lhe falar a verdade, mesmo que o senhor não acredite. Vou dizer tudo e depois o seu livre-arbítrio lhe dirá como agir.

Arnaldo enxugou as lágrimas e, curioso, perguntou:

– O que vai me dizer de tão sério? Tenho alguma doença grave?

– Tem sim, e sabe com ela se chama?

Arnaldo assustou-se:

– Não. O que é?

– É a culpa.

– Ora, não me venha com brincadeiras numa hora dessas. Olhe como estou. Até chorei na sua frente. Não há nada que tenha a ver com culpa.

Eduardo continuava imperturbável.

– O senhor não tem nada no corpo físico. É uma pessoa saudável. Ama, é amado, é bem-conceituado na profissão que escolheu, tem dinheiro. Qual o motivo para estar infeliz dessa forma?

– Não sei, talvez seja a depressão. Mandaram-me procurar a psiquiatria, mas sinto receio.

– Existem, sim, casos reais de depressão, mas não é o seu. Se procurasse um psiquiatra, ficaria pior do que já está. Tomando remédios fortes, aos poucos poderia até mesmo perder a razão.

Arnaldo continuava confuso.

– Até agora você não disse em que ponto a culpa entra nessa história, pode me explicar?

– Sei que não acredita em espiritismo, em vida após a morte. Já começamos a conversar sobre isso e o senhor sempre cortou, acredita que seja balela, mas é hora de atentar para a imortalidade da alma e para as coisas do espírito. Se assim não fizer, sua vida só vai piorar.

Arnaldo irritou-se. Esperava conselhos filosóficos do filho e ele vinha com essa de espiritismo.

– Não acredito e sei que, apesar de você ser espírita, jamais participarei dessa seita.

Apesar de tudo, Eduardo sorriu e disse:

– O espiritismo não é seita nem religião, mas depois lhe explico melhor. Vamos para sua vida, que é o que interessa.

Fixando os olhos profundos no pai, Eduardo começou a explicar.

– O senhor está envolvido por espíritos ignorantes que têm sugado sua vitalidade e que desejam dominar sua vida, levando-o para a infelicidade. Esses espíritos querem que o senhor retorne ao antigo lar e não sabemos por que, mas estão usando da sugestão hipnótica constante de pensamentos para esse fim.

Arnaldo sabia que o filho era uma pessoa séria e inteligente e começou, então, a dar crédito ao que ele dizia:

– Isso realmente pode acontecer?

– Pode e é mais frequente do que se imagina. A maioria das emoções que sentimos vem de fora, dos pensamentos da sociedade, das pessoas encarnadas e, principalmente, dos espíritos que já deixaram este mundo. A maioria das pessoas infelizes que busca consultórios psiquiátricos, na realidade, são médiuns e estão com seu sexto sentido em desenvolvimento. Como não conhecem o processo, buscam todos os meios para se sentirem bem. Embora muitos encontrem a melhora, a maioria não consegue ficar bem, a não ser com o uso contínuo de medicação.

Arnaldo se interessava cada vez mais pelo assunto e não resistiu à pergunta:

– E por que ficam bem quando tomam a medicação? Se são espíritos que os estão atacando, eles não deveriam apresentar nenhuma melhora.

– Cada caso é um caso. Às vezes, a sensibilidade perturbada acaba atingindo o físico, e é realmente necessário o uso de medicação. Mas, na maioria das vezes, os remédios prejudicam e aumentam o problema. Os que ficam bem quando tomam a medicação geralmente são aqueles que estão se autoajudando, buscando ideias otimistas, aprendendo a lidar com seu mundo interior. Pode durar mais de uma encarnação. Mas, se são atingidas pelos espíritos das trevas, é porque deram abertura com o baixo padrão vibratório. Nenhum espírito, por pior que seja, vai conseguir nos atingir se estivermos no bem e na felicidade.

– E no meu caso? Se estou sendo atingido por espíritos, não dei abertura em nenhum momento, vivia feliz com a Alice, com minha profissão, amigos... Como isso se explica?

Eduardo esperava por essa pergunta.

– Não lhe falei que sua doença se chamava culpa?

– Sim, e...?

– A culpa é um instrumento de autotortura que as pessoas usam até inconscientemente, é uma porta aberta para inúmeras obsessões e sofrimentos. Sei que, apesar de ser feliz com a nova companheira, o senhor nunca deixou de se culpar pela solidão na qual deixou a mamãe. Pelas nossas conversas por telefone e mesmo ultimamente, tenho percebido que se acha responsável pelo fato de ela viver triste e amargurada. É por meio desse sentimento mórbido que os espíritos das trevas conseguiram alcançá-lo. É preciso perceber que ninguém é culpado pelo que acontece na vida dos outros. Cada um atrai e vivencia aquilo que é necessário ao seu crescimento interior. Enquanto não se livrar da culpa, sua vida continuará como está.

Arnaldo percebeu que o filho mais uma vez falava a verdade. Ele se sentia responsável pela vida de Lucrécia. Sempre que podia e se via só, ligava para ela para saber como andava a mansão, se havia algum problema que ele pudesse resolver. Era-lhe doloroso saber que uma pessoa estava entregue à solidão por sua causa, além disso sempre ouvira dizer que o adultério era um pecado mortal. Se Eduardo seguia o espiritismo, por que o ajudou a se separar?

– O que me diz é verdade, filho. Sinto que sou o culpado, mas o que fazer? É mais forte que eu. Ademais, você sabe que comecei a me relacionar com Alice enquanto ainda estava casado e que sempre tive amantes. Sou de família tradicionalmente católica e sempre ouvi dizer que o adultério é um pecado terrível.

– Essas ideias são das religiões que o homem criou, mas Deus dirige a vida com leis bem diferentes das dos homens. Não existe pecado. O que há são ações negativas que trazem dor e sofrimento, variando de acordo com a intenção de cada um. Para as leis cósmicas, os atos em si nada valem, o que conta mesmo são as intenções.

Arnaldo estava surpreso.

– Então você é a favor do adultério?

– É claro que a traição é uma ação negativa, que produz frutos dolorosos. Ao sentir que não amamos mais alguém e que há outra pessoa em nosso coração, devemos ser sinceros e terminar a relação fracassada antes de iniciar a outra. Isso é honestidade. Mas nem sempre quem comete adultério tem intenções negativas. Na verdade, são pessoas que têm essa fraqueza e que só o tempo irá modificar. Mas há traições planejadas, situações dúbias bastante negativas que envolvem pessoas com o intuito de causar sofrimento. Os que assim agem vão sofrer para harmonizar o que fizeram. Por outro lado, há criaturas também de coração grande, que amam duas ou mais pessoas ao mesmo tempo sem que isso seja adultério. Há variáveis que envolvem o processo, e não temos condições de julgar. Muitas dessas situações vêm de vidas passadas, assuntos mal resolvidos que precisam agora de reajuste.

Arnaldo atalhou:

– Então quer dizer que não errei tanto assim? Que posso ser feliz sem culpa?

– É claro, pai. O mais sensato seria ter comunicado à mamãe que gostava de outra e, só depois, começar a se envolver, mas isso não é motivo para culpa. Todos nós somos seres em busca da perfeição total. Somos perfeitos em nosso nível de evolução, mas, para chegarmos à perfeição total que está destinada a nosso espírito, erramos e erraremos muito mais. É natural.

– Nossa, filho, como essa conversa me aliviou! Quer dizer que, se me livrar da culpa, todos os meus problemas desaparecerão?

– Quando mudamos nossos pensamentos para os positivos, há uma desconexão natural com as entidades perversas, mas no seu caso aconselho que vá tomar passes em um centro espírita. O passe é uma transmissão de energias sadias, de fluidos benéficos, que muito o irá ajudar.

Depois que pagaram a conta, cada um foi para sua casa. Eduardo recolheu-se em seu quarto e agradeceu a Deus a oportunidade que teve de esclarecer o pai. Mas no íntimo sentia que não seria fácil Arnaldo voltar a ser como antes. O poder destrutivo da culpa infelicita milhares de criaturas e produz resgates dolorosos de erros que poderiam ser feitos pela harmonização através da inteligência e do amor. Antes de deitar para seu sono vespertino habitual dos domingos, Eduardo ainda pensou na frase do apóstolo Pedro que, se fosse colocada em prática, mudaria a humanidade: "O amor cobre a multidão de pecados".

12

O despertar do amor

Ernesto estava triste e saudoso naquele fim de tarde. De repente, parecia que a vida havia perdido o sentido. Aliás, desde o fatídico acidente que vitimara sua família, ele não via mais graça alguma em continuar vivendo. A mediunidade a serviço das trevas em troca de dinheiro veio para ele em boa hora, pois preenchia seu tempo, permitia que interferisse no destino das pessoas tornava-o poderoso. Como seus serviços funcionavam, davam os resultados esperados, sua clientela foi aumentando e ele já contava com uma grande soma na conta bancária, além de diversos imóveis espalhados pelo centro de São Paulo e até em bairros distantes, que lhe serviam como fonte a mais de renda por estarem alugados. Mas, vez por outra, batia a melancolia. Nessas horas entrava em tristeza profunda, tudo perdia o sentido, e ele chorava muito, escondido, para que seus empregados não percebessem. Jamais pensara em voltar a se relacionar amorosamente com alguém. Seu grande amor, Mariana, a vida injusta e cruel o havia tirado. Estava se refazendo do choro quando Claudete, uma espécie de secretária, entrou em sua sala dizendo:

– Acabou de chegar uma jovem desesperada, chorando muito, desejando ser atendida agora. Disse-lhe que o horário de expediente terminou há mais de uma hora, mas ela insistiu dizendo morar longe e alegando que o trânsito a impediu de chegar na hora marcada.

Ernesto ergueu as sobrancelhas e imaginou que atender mais alguém, mesmo com o horário encerrado, seria bom. Naquele dia, em especial, mais uma consulta o ajudaria a distrair a mente.

Ao seu lado estava o espírito luminoso de Mariana e seu amigo Fernando torcendo para que ele atendesse a moça. Mariana comentou:

– Deus ajude que ele possa se render ao bem desta vez.

– Vamos orar e ficar por perto. Os ajudantes de Ernesto não sabiam o que ia acontecer hoje e não estão aqui, por isso vamos ficar vigilantes.

Ambos começaram a orar e de seus espíritos começaram a sair faíscas de luz prateadas que inundaram o ambiente.

Olhando para Claudete, ele disse:

– Pode mandar entrar. Se estava marcado, não posso deixar de atender.

Ernesto preparou o local acendendo incensos, velas coloridas, luzes que refletiam por todo o ambiente, deixando-o exótico. Apesar de trabalhar para o mal, Ernesto mantinha um consultório agradável ao olhar dos clientes, apesar de no lado espiritual o ambiente ser tenebroso e assustador. Das paredes descia uma espécie de líquido semelhante ao sangue, mas bem mais escurecido. No chão, insetos, como aranhas e baratas, e animais como cobras e ratos, do astral inferior perambulavam de um lado a outro. Atrás de Ernesto sempre ficava um espírito de capa preta que o guiava nas tarefas, mas ele não estava ali naquele momento. Tendo encerrado o expediente, o citado espírito havia ido ao encontro da entidade que se autodenominava Lúcifer para contar os êxitos do dia ao lado do "cavalo".

Tudo preparado para atender, Ernesto estava de costas e falou mecanicamente, quando a moça foi anunciada:

– Sente-se.

Ao se virar e olhar para a pessoa à sua frente, Ernesto corou, seu coração acelerou, uma emoção muito forte tomou conta de seu ser. Quem seria aquela jovem tão bela? Completamente entregue à emoção, Ernesto começou a fitá-la e, quando seus olhos se encontraram, a emoção aumentou a tal ponto que uma lágrima desceu de seu olho esquerdo.

A jovem, percebendo que algo estranho estava acontecendo, perguntou:

– Sente-se bem, pai Ernesto?

A pergunta o fez despertar do quase transe em que havia entrado. Ele se refez rapidamente e respondeu:

– Sim. Sinto-me bem. Apenas rememorei um fato triste de uma cliente que saiu há algum tempo daqui – mentiu.

Ernesto estava completamente emocionado com a presença daquela pessoa até então estranha e que fez brotar de seu íntimo um sentimento há muito esquecido.

– Como se chama?

– Ingrid.

– Quantos anos você tem?

– Dezenove.

Ernesto admirou-se.

– Tão nova e já buscando os recursos da magia? Quem lhe influenciou a tomar tal atitude?

– Sou de uma família que entende do assunto, mas que trabalha só para o bem. O que quero eles dizem que não podem fazer. Daí procurei a mãe Márgara, mas só havia vaga para daqui a três meses. A assistente que trabalha com ela disse que vocês são amigos e que eu poderia tentar aqui.

– Mãe Márgara tem muito poder mesmo. Mas aqui a agenda também está lotada, só temos vaga para daqui a quatro meses. Como conseguiu assim tão rápido?

– A Claudete me colocou no lugar de uma cliente que havia desmarcado.

– Sorte sua. Mas... O que pretende aqui?

Ingrid abriu uma pequena bolsa e foi retirando alguns pertences em busca de algo. Ernesto, completamente apaixonado, observava cada gesto delicado que ela fazia, a maneira educada como conversava, a voz pausada. Era uma jovem bonita, alta, de cabelos cacheados abaixo dos ombros, branca, de uma brancura que chegava mesmo à palidez, mas que contrastava com seus lábios vermelhos e discretos.

Após retirar vários objetos, ela encontrou uma foto pequena em que estava um homem e uma mulher. Eram jovens. O homem tinha porte atlético, estava de camiseta e mostrava músculos bem definidos. A mulher era muito parecida com Ingrid, apesar dos cabelos lisos e da tez amorenada. Mostrando a foto, Ingrid disse determinada:

– Quero este homem, custe o que custar.

– Vejo que é determinada.

– Sou sim. Quero que faça dois trabalhos. Primeiro, um de separação. Quero vê-lo longe da mulher e dos dois filhos, depois quero que o faça se apaixonar perdidamente por mim. Este homem é a minha vida. Sei que é poderoso e pode fazer o que desejo.

Ernesto estava confuso. Não sabia o que fazer. Não sentiu a presença do exu que o guiava. Onde ele estava que não aparecia para sugerir algo? Mesmo quando o expediente terminava, as entidades ficavam atentas, pois poderia aparecer um caso extra. Por outro lado, Ernesto reconheceu ter sentido por Ingrid um amor súbito, tempestuoso. Seria por isso que o exu de capa preta não estava por perto? Pausando a voz, ele continuou:

– Posso fazer o que me pede, mas para isso é preciso que me conte como se apaixonou tão perdidamente a ponto de recorrer à magia. É preciso saber de tudo para que o trabalho tenha eficácia.

Ingrid estranhou.

– O filho de mãe Márgara disse que o senhor é tão poderoso que adivinha tudo antes mesmo de a pessoa falar. Então, por que preciso contar minha história?

Ernesto ficou perdido com a pergunta inesperada. Era assim que acontecia. Os clientes chegavam e as entidades lhe contavam tudo, fosse pela audiência mediúnica, fosse pela telepatia, mas, naquele instante, além de não sentir nenhuma delas por perto, queria estar mais próximo de Ingrid, demorar o máximo possível em sua companhia. Subitamente inventou:

– As entidades estão pedindo que você conte a sua história. Elas querem captar as vibrações de sua voz, do que você vai narrar para usar no trabalho no terreiro. É muito comum isso acontecer.

Ela então começou o relato:

– Sou filha de pais separados, mas que viveram bem durante muito tempo. Minha irmã mais velha, Vanessa, tem vinte e nove anos. Meus pais não queriam mais ter filhos, porém, por descuido, minha mãe engravidou dez anos depois de Vanessa ter nascido. Eu fui criada mais por minha irmã do que por minha mãe. Somos de classe média baixa e meus pais trabalhavam o dia inteiro. Pela manhã, enquanto Vanessa estava na escola, a empregada cuidava de mim, o resto do tempo eu ficava com ela. Mesmo com a diferença de idade, conseguíamos nos entender e sempre fomos amigas.

No entanto, há três anos Vanessa chegou a nossa casa sorridente e muito feliz, dizendo ter encontrado o homem de sua vida e que ele a tinha pedido em namoro. Marisa, nossa mãe, sorriu e disse: "É assim com todos. Depois de um mês você enjoa e aparece com outro pretendente".

Vanessa, sorrindo muito, retorquiu: "Desta vez é diferente, é para valer. Estamos apaixonados".

Eu adorava minha irmã e, na época, tinha só dezesseis anos, era tímida, pouco ia às baladas e tinha tido poucos namorados. Mesmo assim, estava feliz ao vê-la tão eufórica e apaixonada.

Ela disse à mamãe: "Amanhã quero um jantar especial, ele vem aqui pedir minha mão à senhora. Já que papai nos deixou e foi para Ouro Preto, só resta a senhora aqui para aprovar a união".

Mamãe sorriu e tudo foi preparado para o jantar especial. Vanessa era recém-formada em Medicina e fazia residência em um hospital conhecido, onde conheceu o Diego, que é instrumentador cirúrgico.

A noite chegou e, quando o Diego entrou com um buquê de rosas vermelhas para minha mãe, fiquei estarrecida. Foi paixão à primeira vista. Nunca havia sentido por nenhum homem o que senti em poucos instantes pelo namorado de minha irmã. Quando ele me abraçou cordialmente e me beijou no rosto, senti um calor maravilhoso, meu coração disparou, parecia que ia desmaiar. No entanto, fingi muito bem.

Com o tempo, ele passou a frequentar nossa casa regularmente, e minha paixão aumentava. Depois que o conheci, não consegui mais namorar ninguém. Passava os dias a sonhar com ele, imaginando-o em meus braços, sonhando com o dia em que ele terminaria tudo com minha irmã e se declararia para mim.

Mas isso nunca aconteceu. Eles ficaram noivos e se casaram há dois anos. Vanessa já casou grávida, e há poucos meses deu à luz o segundo filho. Eles vivem muito bem, felizes e eu amo a minha irmã, mas não consigo deixar de amar o Diego de forma alguma. Queria tê-lo para mim de qualquer jeito. Sempre ouvi dizer que nenhum homem resiste quando uma mulher se insinua, então tracei um plano. No dia que minha irmã estava de plantão e Diego, sozinho em casa, fui para lá. Cuidei de fazer a cópia da chave do apartamento deles com antecedência para facilitar as coisas. Entrei sorrateiramente e com roupas previamente pensadas para aquele momento, deitei na cama dos dois, enquanto ele, entretido, cuidava do Marquinhos.

Quando Marquinhos dormiu e ele entrou no quarto, ficou pasmo com o que viu. Jamais poderia imaginar aquilo de sua cunhada. Fui provocante. Falei que o amava desde o início e que naquele momento meu corpo ardia pelo dele. Ele, com o rosto perplexo, segurou-me com força, fez-me vestir a roupa e, quando estava pronta, decepcionado me disse:

– Você é uma adolescente inconsequente e sem limites. Vou perdoá-la por isso, mas nunca mais apareça em nossa casa e saiba que jamais trairei a Vanessa. Amo-a muito e quero que entenda que o que sente por mim é impossível. Seja digna, nenhum homem gosta de mulher que se oferece, que lhe vem fácil. Dê-se o valor antes que fique passando de mão em mão e termine como muitas, solitária e infeliz. Agora saia de minha casa e só me dirija a palavra em caso de extrema necessidade. Vou fingir que nada aconteceu aqui pelo bem-estar de minha mulher e de minha família, que tanto amo. Agora saia!

Ele disse essas últimas palavras com o rosto vermelho e quase gritando. Peguei um táxi e chorei copiosamente até chegar em casa. Havia dito a minha mãe que dormiria na casa de uma amiga. Em meu quarto, continuei a chorar. Nunca fui tão humilhada. Ele havia me chamado de mulher fácil, quando tudo o que fiz foi por amor. Gostaria que soubesse que não sou de fazer sexo com qualquer um, aliás, sou virgem. O que fiz foi movido pelo grande amor que sinto por ele.

Isso aconteceu há seis meses e, de lá para cá, minha paixão só fez aumentar. É um desejo de amor que me consome. Tenho de aturá-lo com minha irmã, fazendo-lhe carinhos, beijando-a. Não suporto mais. Quero esse homem para mim. Apesar de amar minha irmã, esse amor é mais forte que eu. Sinto que jamais serei feliz longe dele.

Ernesto ouviu tudo com atenção e disse:

– É um caso difícil, mas não sei se é impossível. Terá de gastar muito com material, sangria de animais e não sei se terá dinheiro para tanto.

Ela, enxugando as lágrimas que a narrativa provocou, respondeu:

– Não se preocupe com o pagamento. Tenho como conseguir a quantia.

– Se é assim, melhor. Mas terá de trazer a metade daqui a uma semana, tempo em que iniciarei os trabalhos.

– Posso ter a garantia de que terei o Diego para mim?

– Praticamente, sim. Muitos resistem a uma mulher provocante, mas raros resistem a um feitiço bem feito. Vá e fique tranquila.

Ingrid levantou e deu a mão a Ernesto, dizendo:

– Não sei como agradecer.

– Não precisa agradecer, basta pagar.

Ela saiu deixando um delicado perfume no ar.

Ernesto dispensou Claudete e foi para casa. Não conseguiu jantar, e sua mente estava confusa. Aquela era uma mulher especial. Sim! Uma mulher. Apesar da pouca idade e virgem, pensava e agia como uma adulta. Foi para o quarto e rolou insone pensando nela, em seus olhares, em sua doçura ao falar. Ernesto habituou-se a conhecer, desde o tempo de espiritismo, a alma das pessoas. Ingrid era uma alma boa que estava agindo pela ignorância. Provavelmente, no dia que tentara seduzir o cunhado, estava sendo induzida por espíritos ligados ao sexo e às paixões. Em seu peito um sentimento de amor começou a surgir. De onde ele vinha? Sentia que amava com paixão aquela criatura frágil e iludida pelos apelos de uma paixão descontrolada. De repente, veio-lhe um pensamento: e se, em vez de fazer o feitiço para ela ficar com o cunhado, fizesse um para que ela se apaixonasse por ele? Sabia que seria difícil realizar o que Ingrid pedia. As bruxarias não penetram em lares onde há amor verdadeiro, o que parecia ser o caso de Vanessa e Diego. Nenhum feitiço, por mais forte que seja, consegue destruir uma união baseada no amor. Ernesto sabia disso e não iria perder tempo, investiria nele.

Olhou-se no espelho e, apesar de ter trinta e cinco anos, era muito conservado e de porte elegante. Não tinha tanta beleza, mas possuía masculinidade, entendia os jogos da sedução. Tanto que conquistara Mariana. Mariana... Onde estaria naquele momento? Gostaria de saber, mas nenhum guia seu tinha essa informação. E suas filhas? Como estariam?

Ao seu lado, sem que ele pudesse ver, Mariana dizia:

– Meu amor, estou e estarei sempre ao seu lado. A vida nos separou porque era a hora. Vou torcer para, que por meio desse amor por Ingrid, ocorra sua redenção. Vim para a Terra com nossas filhas como voluntária para o teste que você mesmo escolheu antes de nascer. Nossa morte seria necessária para que você pudesse optar pelo caminho da sombra ou da luz. Fique com Deus!

Ernesto sentiu uma brisa suave em seu rosto. De onde vinha? Seu quarto estava todo fechado. De repente pensou: "Mariana? Você está aí?"

Pela manhã, apesar de estar constantemente pensando em Ingrid, Ernesto resolveu continuar com as consultas. Dessa vez estava sentindo a presença de seus companheiros.

Lucrécia entrou altiva na sala e, com voz estridente e arrogante, perguntou:

– O que está acontecendo com o trabalho que encomendei? Faz semanas e nada vi de novo. Olha, se não der certo, quero meu dinheiro de volta!

– Calma, senhora. Não viu como tudo deu certo com sua filha? A amante do marido dela está em coma e é impedida de voltar ao corpo pelo espírito de Gorete. Enquanto isso, ele se aproxima muito mais de sua filha. Não tem notado?

– Sim, com a Arlete, sim, mas e comigo? Nada está acontecendo. Enquanto eu estou na solidão, aquela vagabunda da Alice dorme todas as noites com meu marido.

Ernesto detestava clientes arrogantes e autoritárias, mas não podia perder a paciência.

– Meus guias dizem que ele está mais voltado ao lar, que tem estado lá constantemente. Eles garantem que Arnaldo pensa em você o tempo todo e que mais rápido do que imagina voltará, mas também veem dois problemas que podem atrasar a situação.

Lucrécia abriu ainda mais os olhos nervosos e, quase gritando, perguntou:

– O que diabos pode atrapalhar? Fale logo!

– Há duas pessoas que trabalham para o Cordeiro e que podem interferir na situação, tornando seu desejo mais lento de ser atendido.

– Pessoas? Cordeiro? O que é isso?

– Cordeiro é Jesus, são as forças do bem. As pessoas são seu filho Eduardo e uma amiga da amante de seu marido. Eles podem atrapalhar. Mas, se você contribuir, tudo ficará mais fácil.

Lucrécia não sabia o que dizer.

– Como Eduardo pode interferir nisso? Sei que ele foi a favor do pai na separação, mas ele não pode ser superior a um bruxo como você.

– E não é! Você pode atrapalhar a relação dos dois. Interferir para que fiquem juntos o mínimo tempo possível.

– Impossível! Arnaldo é apaixonado pelo filho, jamais vou conseguir.

Ernesto foi franco:

– Sem sua ajuda ficará mais demorado. Pense e descubra uma forma de afastar pai e filho que eu cuido da amiguinha da Alice.

– Em quanto tempo terei meu marido de volta?

– Fique tranquila que será rápido, basta que neutralizemos Eduardo e essa outra pessoa.

Lucrécia se irritou ainda mais:

– Sempre que venho aqui você me diz que está perto, mas nada acontece. Cansei de ser enganada. Se dentro de um mês ele não voltar para casa, quero todo o meu dinheiro de volta. Sabe que sou influente e posso fazer uma denúncia dizendo que você faz sacrifícios de pessoas no seu terreiro lá na Vila Maria. Tenha cuidado e trate de fazer o que peço.

Lucrécia colocou seus óculos escuros e saiu, deixando pai Ernesto completamente irritado. Um espírito inferior aproximou-se dele e disse:

– Não se impressione com essa aí, tem tantos pontos fracos que, antes que possa fazer algo para nos prejudicar, plantaremos nela uma baita doença que a impedirá de fazer qualquer coisa.

– Sei disso, mas quero realizar o que ela pede. Não gosto de deixar clientes insatisfeitos, você sabe que Lúcifer não gosta.

– Sei, sei. Mas também sabemos que esses espíritas têm poderes que não conseguimos vencer. Há também terreiros que trabalham para o bem, com técnicas, desconhecidas dos espíritas, que nos neutralizam. Você, que já foi espírita, sabe muito bem disso.

– Não me lembre dessa época, não gosto!

– Falei apenas para que fique atento. Agora acalme-se, o próximo cliente vai entrar.

Lucrécia dirigia muito irritada. Por que com Arlete dera certo e com ela não? Era justo ela sofrer sozinha, enquanto seu marido se divertia com uma aventureira?

Ao chegar em casa, deu de cara com Eduardo, que acabava de chegar do trabalho. Uma sombra escura a envolveu e soprou-lhe ao ouvido:

– Esse aí é o atraso de sua vida. Vai fazer você continuar amarga e infeliz como está. Mande-o embora de sua casa. Ele é muito grandinho. Para que morar com a mamãe?

Ela registrou a mensagem por telepatia e, quando Eduardo veio abraçá-la, sentiu um ódio muito grande do filho, rechaçando seu abraço. Ele notou que algo estava estranho e perguntou:

– O que aconteceu, mãe? Algum problema?

A entidade rodopiava ao redor de Lucrécia e dizia:

– Não ouça esse aí, mande-o embora. Vá!

Lucrécia deu um empurrão tão forte no filho que ele precisou se apoiar no sofá para não cair.

– Saia daqui, Eduardo! Deixe-me em paz!

Notando o descontrole de sua mãe, o rapaz subiu as escadas e prometeu a si mesmo conversar com ela quando seu ânimo estivesse menos exaltado.

13

Conhecendo a espiritualidade

Sentada à mesa de uma confeitaria, Magali estava ansiosa à espera de Alice. Haviam marcado três horas, e já passava das quatro sem que a amiga aparecesse. Chovia em São Paulo naqueles dias e, por isso, o trânsito estava engarrafado. Mas Magali não culpava o trânsito, afinal a confeitaria ficava a poucas quadras do apartamento de Arnaldo. Por que Alice se atrasara tanto?

De repente, lembrou-se da conversa que havia tido pela manhã com Joana, médium espírita que frequentava o mesmo centro que ela. Magali a havia procurado e relatado o que estava acontecendo com a amiga sem, contudo, entrar em detalhes e também ocultando os nomes dos envolvidos. Joana, depois de ouvi-la com atenção, disse:

– Você está certa em adverti-la. Vejo o lar mencionado cheio de entidades que querem ver a separação do casal. Também sinto que foi um trabalho encomendado a um médium que trabalha para o mal. Esses espíritos aproveitam a culpa do homem envolvido para manipulá-lo. Se ele não melhorar, sua amiga acabará separada.

Magali não se conformou:

– Mas isso é injusto. Acompanhei o romance dos dois desde o início. Sei o que minha amiga teve de enfrentar e renunciar para estar com ele. Além do mais, eles se amam de verdade.

– Se há amor, um dia retornarão e serão felizes. O mal não é uma fatalidade, ele só acontece quando permitido por Deus, para nosso crescimento moral e evolução. Mas tome cuidado. Vigie seus pensamentos. Ao tentar alertá-la, você estará sendo visada pelas entidades inferiores envolvidas no caso e pode acabar prejudicada. É preciso ficar alerta e em prece.

Magali protestou.

– As pessoas que ajudam, que trabalham na divulgação da espiritualidade e que fazem caridade deveriam ser automaticamente protegidas. Não acho certo ter de sofrer a influência de espíritos mal-intencionados quando estamos no trabalho de auxílio.

Joana sorriu ao dizer:

– Todos nós estamos sujeitos a essas interferências. Só quem sabe ajudar efetivamente obtém proteção. Muitas vezes, na tentativa de ajudar, queremos impor nossa opinião, fazer valer nosso orgulho, ser paternalista, sofrer junto com a pessoa. Isso não é adequado, pois baixa nosso padrão vibratório, e daí podemos ser atingidos. Muitos querem ajudar, não nego que haja boa intenção. Mas, para ajudarmos realmente, temos de saber como. Envolver-se em problemas que não são nossos, de amigos, parentes e até do companheiro, dá errado, porque, ao fazermos isso sem sabedoria e equilíbrio, acabamos atraindo para nós toda a carga energética que os outros estão mantendo. Muitas vezes orar e enviar boas vibrações é a melhor ajuda.

– Quer dizer que não devo fazer nada? A senhora está se contradizendo.

– Em seu caso, acredito que tem sabedoria para ajudar da maneira correta. Tenho notado como se dedica à espiritualidade, sem fanatismo, com bom senso e discrição. Sabe, Magali, quando entramos no espiritismo sentimos tudo nos deslumbrar, parece que todos os nossos males se acabam em um passe de mágica só porque conhecemos mais uma parcela da verdade. Mas logo percebemos que estamos enganados. Conhecer a espiritualidade só nos torna mais responsáveis perante a vida e as leis universais. É por isso que muitos de nossos companheiros de ideal se revoltam e se afastam quando sofrem uma decepção e percebem que a vida continua a mesma, que os problemas, os pontos fracos permanecem. É preciso entender que só o conhecimento teórico, intelectual, não leva a lugar nenhum. É preciso praticar de verdade para ter uma vida feliz, e você tem feito isso. Acredito que pode e deve orientar sua amiga e ficar ao lado dela, pois prevejo que eles vão se separar.

Magali estava confusa.

– Não dá para realizar um trabalho para desmanchar esse feitiço que fizeram?

– No centro em que trabalhamos podemos trazer os espíritos envolvidos e até mesmo fazer com que eles retirem as energias desequilibradas que colocaram no casal, mas o processo não é tão simples assim. Vejo que o homem é bastante resistente e não está disposto a mudar o pensamento. Nesse caso, o alívio é apenas temporário. As pessoas encarnadas precisam mudar para não atraírem mais esses espíritos. É por isso que muitos trabalhos feitos para desmanchar o que se chama de feitiço não dão certo. Se os envolvidos não mudam a forma de agir e pensar, tudo segue igual. De qualquer forma, é bom que um dos dois frequente o centro, lá temos mais recursos e esclarecimentos.

Magali assustou-se com a chegada intempestiva de Alice.

– Nossa! Eu me atrasei demais, pensei que não fosse mais encontrá-la aqui.

As duas se abraçaram e pediram um lanche. Enquanto esperavam, conversaram amenidades, mas logo Magali foi direto ao ponto.

– Alice, preciso alertá-la quanto ao que está acontecendo com você e o Arnaldo. Confesso que pensei bastante antes de termos essa conversa, mas sempre me guio pela intuição e sei que você está preparada para saber e agir corretamente.

– Do jeito que você fala, parece que vai haver um desastre. Conte-me tudo logo.

Magali fez uma pequena pausa e começou:

– Como te falei ontem, suas brigas e a frieza do Arnaldo têm causa espiritual. Fizeram uma bruxaria para que ele deixe você e, provavelmente, volte para a antiga casa.

Alice deu uma gargalhada.

– Bruxaria? Nossa! Até nisso, hoje em dia, você acredita? Ontem você me disse que era interferência espiritual, hoje já diz que é bruxaria. Por favor, decida-se.

Magali percebeu que ela não estava levando a sério, mas continuou sem se perturbar.

–Você sabe como sou, jamais brincaria com uma coisa séria como esta. A bruxaria e o feitiço existem, de fato, e têm feito muitas pessoas sofrer, provocando a morte, inclusive. Sei que você, apesar da pouca idade, é madura e pode compreender. O mundo oculto interage constantemente com o nosso sem que possamos perceber. Dor de cabeça, enjoo, depressão, tristeza, raiva e revolta sem motivo aparente mostram que captamos energias do mundo astral e até de pessoas encarnadas sem perceber. Mas, no caso da bruxaria, é bem mais profundo o processo. Há espíritos no astral inferior treinados para destruir famílias, acabar com casamentos, provocar a morte, acidentes etc. Tudo na maior disciplina e ordem. Infelizmente, muitas vezes conseguem o que pretendem.

–Você está me assustando. Quer dizer que estamos à mercê desses espíritos sem que possamos fazer nada?

– É a esse ponto que quero chegar. Como te falei, acabei de ler o livro *Libertação*, de André Luiz, e também *Magia de Redenção*, de Ramatís. Sei que não foi por acaso que os li. Há alguns meses os vi numa livraria e os comprei. Este último descreve em detalhes todo o processo de enfeitiçamento e de como nos livrar dele. *Libertação* narra a história de uma mulher subjugada por espíritos do umbral e a trajetória de um chefe de uma falange de justiceiros. Termina contando a libertação, tanto do chefe, que é resgatado pela mãe, quanto da obsediada. Aprendi com esses livros que essa influência ruim só acontece quando deixamos a porta aberta. Pensamentos depressivos, pessimistas, falta de fé na vida, atitudes julgamentosas, culpa, remorso abrem o campo para que os obsessores nos influenciem. Há também os nossos vícios e tendências que acabam atraindo para nós toda a sorte de companhias negativas, tanto desencarnadas quanto encarnadas.

Alice estava cada vez mais atenta. Por fim, perguntou:

– E o que posso fazer para manter meu lar? Pelo visto, sozinha nada conseguirei. Arnaldo é incrédulo e nunca vai admitir uma coisa dessas. É homem do mundo, materialista. Pelo que você falou, é um caso perdido – Alice disse isso com os olhos cheios d'água.

– Não é não. Se ele não quer fazer nada, você pode. Primeiro, não alimentando discussões com ele e o deixando livre para fazer o que quiser. Depois deve orar e pedir a Deus proteção e amparo. Pode também frequentar o centro, onde receberá melhores esclarecimentos. Ficar forte na fé é o que vai sustentar sua vida e sua família.

– Não sou de espiritualidade nem de religião. Nunca fui ensinada a acreditar em Deus.

– Talvez por isso esteja passando por essa situação. Muitas dores e sofrimentos nos despertam para o lado espiritual da vida, mostrando que além desse mundo há outros, e que precisamos atentar para a imortalidade da alma. Chegou a hora de você amadurecer e se ligar com o espiritual.

– Não quero isso para mim. Não me vejo atrelada a uma igreja nem a um centro espírita. Não vou.

– Não precisa ficar atrelada a nada. Basta frequentar alguns dias e, se gostar, continua. Ninguém é obrigado a nada. Nem sempre frequentar um centro ou estar em igrejas nos garante vida boa ou evolução espiritual. O que vale mesmo é o despertar da consciência, ser ético, buscar o bem. Frequenta quem sente vontade e quer de coração. Seu caso é sério e, como amiga, a aconselho a ir comigo pelo menos um dia. Se achar que não é bom, não precisa voltar. No entanto, comece desde já a cultivar o hábito da prece.

Alice pareceu ceder.

–Você me convenceu, irei sim. Mas confesso que não acredito em orações. Vejo muita gente que reza o dia inteiro e tem uma vida horrível, cheia de problemas e doenças. Minha avó vivia com o terço na mão e, mesmo assim, morreu muito doente. Tanto que minha mãe passou a descrer da oração e nunca me ensinou a rezar.

Magali parecia diferente e, com olhar fixo em um ponto indefinido, respondeu:

– Muitos não acreditam no poder da prece, pois não veem resultados imediatos. Mas todo aquele que ora é atendido, de uma maneira ou de outra. O que dificulta mesmo é acreditar que o simples balbuciar de palavras vai resolver nossa vida. A prece verdadeira é aquela que vem do coração, é o momento que nos abrimos para Deus sem receios, sem restrições. Essa prece é sempre ouvida e atendida, ainda que não vejamos logo seus resultados. Ocorre também que para sairmos de um problema, de uma situação ruim, de uma doença é preciso aprender o que Deus quer nos ensinar com tudo isso. Nesse caso, em vez de orarmos pedindo a solução, devemos orar pedindo a Ele que nos mostre o que precisamos saber para deixar de sofrer. Há também orações que não são atendidas pela nossa falta de fé. Em toda cura que Jesus realizava, ele dizia: "*vá em paz, tua fé te curou*".

Minutos mais tarde, quando saíram dali, estavam satisfeitas. Magali por ter ajudado a amiga e Alice por estar começando a descobrir um mundo diferente.

14

À procura de auxílio

Apesar das orações feitas no centro por Magali, Joana e outros amigos, a situação não melhorava entre Alice e Arnaldo. Depois daquela conversa no dia em que havia preparado um jantar especial, Alice não tocou mais no assunto, fingia que não estava acontecendo nada. Fazia um mês que havia conversado com Magali a respeito das interferências espirituais, mas, apesar da insistência da amiga, não havia ido ao centro.

Mas agora tudo estava pior. Além de Arnaldo passar praticamente todas as noites na casa da ex-mulher, também não a procurava na cama. Quando ele retornava, já passava da meia-noite, e Alice já dormia profundamente. Outras vezes a encontrava acordada vendo TV. Alice procurava intimidade e ele alegava cansaço. Desesperada, ela, que estava resistente, resolveu ir ao centro. Era uma tarde de domingo e Arnaldo não estava em casa, pois havia combinado de ir ao Jockey Club com o filho. Ligou para a casa de Magali, que atendeu prontamente.

– Oi, amiga, há quanto tempo não nos falamos, não é?

– É, há algumas semanas mesmo. É que estou em um período de isolamento, nem tenho ido à casa de meus pais. Parece que tudo perdeu o sentido. E você? Por que não veio me visitar?

– Como você sabe, trabalho durante o dia e estudo à noite e, como acho que você está bem com o Arnaldo, não quero incomodar nos fins de semana.

Alice começou a chorar baixinho e a amiga percebeu mesmo do outro lado da linha.

– Está chorando? O que está acontecendo? Não está bem com Arnaldo? Está com algum problema de saúde? Por favor, me conte!

Alice entrou num pranto convulsivo e só um tempo depois conseguiu recuperar-se. Quando estava refeita, narrou tudo o que estava acontecendo em sua vida conjugal e quanto estava arrependida por não haver procurado a espiritualidade.

Magali comentou:

– Você sabe quanto insisti para que fosse ao centro logo depois daquela nossa conversa, mas como vi que você resistia muito, resolvi parar. Depois, você nunca mais se queixou de nada e pensei que tudo estivesse se normalizado.

– Não se normalizou e ando desconfiada de que ele voltou a dormir com a esposa. Tenho sentido cheiro de perfume em suas camisas e o pior: já dormiu lá duas noites. A desculpa que me deu foi que o papo com Eduardo demorou tanto que resolveu ficar por lá, mas sei que não é verdade. Sinto que joguei fora esses anos de minha vida. Apesar de amá-lo, não vou aceitar uma situação como essa e penso mesmo que ele está esperando apenas minha decisão para voltar para casa. Minha mãe sempre diz que os homens nunca põem fim à relação, que sempre esperam a mulher cair fora.

Magali pensou por alguns instantes e falou:

–Você precisa ter calma e agir com racionalidade. O que está fazendo agora?

– Eu? Você ainda pergunta? Estou curtindo minha solidão.

– Então venha até minha casa que iremos conversar com Joana, talvez ela tenha alguma orientação espiritual para nós. É uma mulher muito lúcida, não custa nada ouvi-la.

– Será que a espiritualidade ainda pode me ajudar? Afinal, fui negligente, não dei importância.

– A espiritualidade está sempre pronta a nos amparar, não importa o momento. Estarei te esperando.

Alice desligou o telefone e foi se arrumar para sair. De repente, pensou: "Não vou. No que vai adiantar essa conversa? Meu relacionamento está acabado e não há nada que possa fazê-lo ser como era antes".

Sem perceber, Alice dialogava com entidades perturbadoras, mas ao mesmo tempo seu mentor estava por perto e lhe dizia: "Fique firme, Alice, procure a ajuda espiritual. A hora é agora, não desanime. O mal só triunfa porque o bem age com timidez. Seja corajosa, lute por sua felicidade!"

Mesmo sem registrar as palavras de seu amigo espiritual, Alice pensou: "Devo lutar por minha vida, sim. Não vou me deixar desanimar. Se essa conversa com a Joana não resolver nada, pelo menos não me fará mal. O que não posso é ficar trancada nesse apartamento sozinha. Se continuar assim enlouquecerei".

A esse pensamento, uma energia nova a revigorou. Escolheu um belo vestido e partiu para a casa da amiga. Lá chegando, encontrou-a no portão à sua espera.

– Vamos? – disse Magali eufórica. – Não podemos perder tempo, Joana tem trabalho no centro hoje às seis, se demorarmos talvez não a encontremos em casa.

As duas partiram. Alice tinha carro, o que encurtou o trajeto. Chegaram a uma rua bem arborizada e pararam na frente de uma pequena casa com hall e portão de ferro. Chamaram e logo Joana apareceu sorrindo.

– Que surpresa agradável! Vamos entrar, sintam-se à vontade.

A casa de Joana era simples, porém agradável. Elas estavam em uma sala espaçosa, cheia de vasos com flores naturais e quadros com belíssimas paisagens. Alice gostou do ambiente e, como que por encanto, toda a sua tristeza passou. Joana as olhou e perguntou:

– O que a trazem aqui num domingo à tarde? Algo de especial ou só vieram mesmo para me ver? – disse num gracejo.

Magali foi direta:

– Desculpe, Joana, por estar aqui te incomodando no seu dia de folga, mas achei que não ia se importar se eu trouxesse minha amiga, que está sofrendo muito e precisa de um conselho seu. Sei de seus longos anos de experiência como espírita e também como é bom o trabalho de aconselhamento espiritual que realiza no centro. A senhora já sabe do processo que Alice atravessa e sei que é a melhor pessoa para dizer como ela deve agir.

Joana olhou seriamente para Alice e escutou toda sua história, falando por fim:

– Vejo que a situação se tornou mais séria do que imaginei a princípio. Seu companheiro está completamente envolvido pelos espíritos e pela magia que fizeram para ele. Se não agir rápido, poderá perdê-lo mesmo.

– A senhora quer dizer que devo frequentar o centro e só?

– Seu nome e o de seu marido já estão no caderno de preces, mas tem certos tipos de problemas que nem todo centro espírita kardecista pode resolver. Sabe, não gosto de falar sobre isso para todo mundo. Existem muitos preconceitos contra outros segmentos espiritualistas que trabalham para o bem, e o centro que frequento nem permite que se fale deles para quem vem pedir ajuda. Mas sou daquelas que têm opinião própria e, sempre que posso, alerto as pessoas que nem tudo se resolve em um centro espírita.

Magali estava curiosa: "O que Joana queria dizer com aquilo?"

Ela prosseguiu:

– Por causa desses preconceitos, a maioria dos centros espíritas deixou de estudar o mundo energético de forma mais profunda, eles não desenvolvem técnicas capazes de tratar casos de bruxaria, como é o de seu marido. São obsessões complexas que os doutrinadores não sabem como lidar. Mas a Providência Divina não deixa ninguém sem socorro. Existem médiuns que trabalham com a fraternidade branca, estudam os processos de enfeitiçamento e aprenderam como desmanchá-los.

Magali interrompeu:

– É por isso que Sérvulo, o presidente do centro, não gostou quando disse que li o livro de Ramatís e questionei uma série de coisas.

– Eles têm suas limitações, que devemos respeitar – aquiesceu Joana – mas não podemos deixar de ajudar pessoas que passam por situações como esta por puro medo ou preconceito. Por isso, Alice, aconselho-a a procurar uma pessoa que entenda do assunto para fazer algo que desmanche o feitiço. Eu mesma conheço uma mulher ótima que trabalha para o bem e tem ajudado muita gente. Trata-se de mãe Márgara. Tenho aqui o endereço e posso lhe passar.

Alice sentiu medo.

– Não é perigoso eu me envolver com isso?

– Seria se você fosse procurar pessoas que cobram e que trabalham para o mal. Mãe Márgara não cobra por seus trabalhos e se sente feliz ajudando as pessoas.

– Não entendo. Por que o centro, por si só, não resolve?

– O centro espírita kardecista, aliado aos espíritos superiores, trabalha na desobsessão e, por vezes, nas mais difíceis, como os casos de subjugação. Mas, como havia explicado, nem todos estão preparados para lidar com esse outro tipo de trabalho, que é o feitiço, embora muitos já estejam trabalhando e obtendo bons resultados. Em todo caso o médium chamado mãe ou pai de santo estudou melhor esses processos e lida com entidades mais apegadas ao mundo material. Um feitiço é encomendado a entidades que estão muito presas ao materialismo, por isso, para desfazê-lo, é necessário também entidades que ainda estejam apegadas à vida na Terra, mas que estejam voltadas ao bem. Geralmente, essas entidades boas foram iniciadas em vidas passadas, viveram no Oriente e entendem bem os segredos da natureza, por isso são trabalhos mais práticos, mais rápidos e exclusivamente para casos de magia.

Magali questionou:

– E os espíritos superiores, em um centro espírita, não podem fazer isso sem que seja preciso recorrer a uma mãe de santo?

– É claro que sim. Os espíritos da luz têm uma ação irresistível contra os que estão no mal, mas para isso seria necessário que os centros deixassem o preconceito e estudassem mais a fundo o assunto. Assim preparariam melhor seus médiuns e teriam um belo trabalho. Mas é importante lembrar que as reuniões de desobsessão nos centros auxiliam muito e têm curado muitas pessoas. Mas os casos complexos nem elas nem as mães de santo conseguem resolver.

– Por quê? – indagou a voz angustiada de Alice.

Joana explicou sem cerimônia.

– Mesmo que uma pessoa consiga que a magia seja desmanchada por alguém entendido no assunto, se os envolvidos não se voltarem para o lado espiritual e vencer seus pontos fracos, outros espíritos chegarão e continuarão o serviço. A chave da cura está na mudança de postura dos envolvidos. Por isso, minha filha, além do trabalho, procure orar para que seu marido deixe de se culpar e possa assumir a nova vida sem remorsos. Sem isso, você não o terá de volta, ainda que mãe Márgara desmanche o que fizeram para ele.

– Então, de que adianta eu ir lá?

– Com as entidades afastadas, Arnaldo terá um momento de trégua e será nesse instante que você deverá trabalhar o emocional dele. Com certeza, ele voltará para você e aí, sim, será a hora de os dois frequentarem as meditações e fazerem um dos cursos do nosso centro. Devem, também, ler para entender como funciona a vida espiritual e como ocorrem as influências. Se Arnaldo conseguir compreender, ficará imunizado contra qualquer outra investida das trevas. Vejo também um rapaz louro, alto, branco, de traços fortes e que possui uma luz imensa. Tem tentado ajudá-lo, mas não tem conseguido. Una-se a ele e ficará mais forte.

Alice quase gritou:

– É o Eduardo, filho dele. Tenho certeza.

Todas se emocionaram. Quando saíram dali, estavam radiantes de esperança. Alice deixou Magali em casa com a promessa de, no dia seguinte, acompanhá-la à casa de mãe Márgara.

15

Mãe Márgara e a magia do bem

Magali e Alice chegaram cedo à casa de mãe Márgara naquela segunda-feira. Estranharam, pois não havia ninguém na antessala além de um rapaz que recepcionava os clientes. Sempre ouviram dizer que as pessoas que lidavam com magia eram bastante procuradas e que conseguir vaga e marcar uma consulta era muito difícil. Será que mãe Márgara não era tão boa quanto Joana havia dito?

Aproximaram-se do rapaz que, para a surpresa das duas, falou:

– Suponho que sejam Alice e Magali. Estou certo?

Elas se entreolharam assustadas e Magali tornou:

– Sim. Como sabe? Afinal, nunca viemos aqui.

Ele simplesmente respondeu:

– Entrem por esse corredor e, na última porta à esquerda, deem duas batidas e entrem. Mãe Márgara as espera.

As duas seguiram assustadas. Como mãe Márgara adivinhara que elas iriam justo naquele dia?

Bateram e entraram com certo receio. Mãe Márgara, ao vê-las, sorriu e disse:

– Sabia que viriam. Podem se sentar à vontade.

De repente, o receio havia passado como que por encanto. Mãe Márgara era uma negra muito sorridente, simpática e bonita. Já estava na casa dos cinquenta, mas não aparentava. O ambiente era simples: uma mesa redonda, um altar com imagens de Jesus e Maria, cortinas amarelas e um quadro muito bonito de São Jorge. Havia algumas velas brancas acesas no altar e o ambiente era impregnado de incenso.

Magali começou:

–Viemos pedir ajuda. Mas gostaria de saber como a senhora sabia que nós viríamos? Foi pela vidência? Seu secretário sabia até nosso nome.

Ela sorriu, mostrando os dentes alvos e bonitos:

– Não foi vidência. Não sou tão poderosa assim. A amiga de vocês, que também é minha amiga de longa data, ligou-me ontem à noite pedindo que as atendesse. Foi Joana quem me avisou. Ela sabe que não trabalho às segundas, mas me contou o caso e, pela urgência, pediu-me que viesse só para atendê-las. Costumo sentir sempre quando devo ou não atender a um pedido como esse, e meu guia maior me orientou que viesse. Quero dizer que não temam nada. Há muito preconceito em torno de meu trabalho, muitas pessoas o deturpam, mas ao saírem daqui poderão tirar as próprias conclusões.

Foi a vez de Alice falar:

–Vim porque não desejo me separar do homem que amo. Para falar a verdade, antes da conversa que tive com Magali, há poucos dias, eu não acreditava em nada que dissesse respeito à vida depois da morte, magia, essas coisas... Sou sincera e também não sei se a senhora poderá resolver meu caso.

– Nesta vida, minha filha, ninguém resolve o caso de ninguém, isso é uma ilusão. É a própria pessoa que resolve a vida. Nós estamos aqui apenas para dar uma mão, mas o resto é a pessoa que faz. Eu mesma não me sinto com mérito algum nos trabalhos que faço, tudo vem dos guias que se manifestam por meu intermédio e, quando a pessoa não quer ser ajudada, não há nada que se possa fazer.

– Isso a Joana já nos contou. Mas a senhora pode desmanchar o que foi feito para mim e meu companheiro?

Mãe Márgara demorou um pouco e disse:

– Vamos ver.

Ela fechou os olhos, demorou alguns minutos, e falou:

– Realmente, minha filha, fizeram feitiço para que você e seu marido se separassem. Um dos meus amigos espirituais está afirmando isso e também diz que pode desfazê-lo. Está dizendo que você é uma moça honesta e que não foi por má intenção que se envolveu com um homem mais velho e casado. Muito pelo contrário, fez isso por amor. Saiba que é muito protegida. O feiticeiro que fez a magia também tentou atingi-la, fazendo com que você sentisse repulsa pelo Arnaldo e o traísse, mas por sua conduta nobre nada a atingiu. Você é filha de Xangô, o orixá da justiça, por isso não gosta de nada errado.

Alice estava emocionada. Tudo o que ela dizia estava certo.

Mãe Márgara permaneceu calada durante um tempo e depois abriu os olhos. Fitou Alice e disse:

– Vamos desfazer isso e, com a fé na luz divina, tudo voltará ao normal. Mas precisarei de dinheiro.

Magali ficou perplexa. Joana garantiu que ela não cobrava. Fez mais, avisou que pessoas que cobram pelos serviços não estão na linha do bem. Antes que Alice dissesse alguma coisa, ela se pronunciou:

– Desculpe, senhora, mas se é amiga de Joana sabe muito bem como ela pensa. Se cobra é porque não trabalha para as forças da luz, então não queremos trabalho nenhum. Sua amiga garantiu que a senhora não cobrava. Estou sem querer acreditar.

Márgara não se perturbou.

– Minha filha, eu não cobro nada pelo que faço. Desde a adolescência descobri que tenho o sexto sentido desenvolvido, sempre previ as coisas e elas sempre aconteciam. Previ a morte de meus pais e de uma irmã com precisão. Mais tarde casei-me com um homem muito católico, que não aprovava o que eu fazia. Na época, já era médium de terreiro, umbandista. Tive de parar com minhas tarefas para me dedicar ao casamento, mas sempre senti a presença dos espíritos necessitados e orava com fé para eles. Depois da oração, percebia que uma luz os envolvia e eles eram levados. Não me arrependi de ter parado. Do meu casamento nasceram meus dois bens mais preciosos, o Carlos e a Fernanda. Carlos é o rapaz que estava na entrada. Ele me ajuda aqui. Fernanda trabalha durante o dia e estuda à noite. Vivo da pensão do meu marido, que já desencarnou, e estou muito feliz com isso. Meu trabalho aqui é gratuito.

– Não entendo. Então, para que quer o dinheiro?

– As entidades que atuam nesse tipo de trabalho, tanto de feitiçaria quanto de desmanche, são muito ligadas ao mundo material e às sensações que experimentaram aqui. A diferença é que aquelas que trabalham no feitiço agem para o mal, enquanto as que trabalham no desmanche atuam para o bem e para recuperar o equilíbrio das pessoas. As entidades boas fazem o trabalho que espíritos mais elevados não podem fazer, pois não estão tão ligados à matéria. São boas, mas não tão evoluídas quanto aquelas.

Ela fez uma pequena pausa e continuou:

– Para desmanchar um trabalho, elas pedem materiais, tais como cigarros, comidas, velas etc. Elas julgam necessário que elementos materiais positivos atuem contra os negativos. Por isso peço o dinheiro, apenas para comprar o material. Mas, se você não quiser me dar, posso lhe passar a lista do que é necessário, você compra e traz aqui. O resto eu faço.

Elas entenderam. Realmente mãe Márgara era uma mulher muito íntegra e nobre. Fazia tudo aquilo de graça, só pelo prazer de ver o bem-estar das pessoas. Por fim, Magali, curiosa, perguntou:

– A senhora parece ter bastante conhecimento do mundo espiritual. Por que não deixa esse trabalho aqui e vai ajudar em um centro espírita?

– Um centro espírita também tem condições de desmanchar esses trabalhos e pode fazer sem que seja necessário nenhum tipo de material, só com os médiuns. Há médiuns específicos para trabalhos desta natureza. Eles se desdobram, vão até a pessoa enfeitiçada e tiram dela todas as energias. Na reunião, os espíritos que estão obsediando as pessoas são atraídos e, dependendo do caso, ficam impedidos de continuar a fazer o mal. Só que a maioria dos centros não gosta desse tipo de trabalho, que requer muito estudo, disciplina e ação. Por outro lado, eu gosto da forma como trabalho aqui, faço como posso e, na maioria dos casos, a situação acaba resolvida.

– Por que não resolve todos os casos?

– Minha filha, nada sem a fé vai para a frente. Muitas pessoas vêm nos procurar para que, num passe de mágica, tudo se resolva, são imediatistas e não querem esperar. No fundo, muitas duvidam do nosso trabalho e até nos ridicularizam. Depois, quando não dá certo, vêm nos culpar. Nesses casos, como em qualquer outra situação da vida, a fé é primordial. Sem ela você não pode viver, pois a vida está cheia de desafios e a todo instante temos de usá-la. Por isso, não contem apenas com o que vou fazer, mas principalmente tenham paciência e fé. Orem sinceramente e aguardem. Estou vendo que a separação será inevitável, mas, com o trabalho desfeito, logo ele poderá voltar para você.

Ambas se calaram. Por fim, decidiram deixar a quantia com mãe Márgara e esperar para ver o que ia acontecer. Ao chegar em casa, Alice estava mais animada e resolveu que dali em diante ia se dedicar à vida espiritual com afinco. Independentemente de Arnaldo ir embora ou voltar para ela, algo em si desabrochara, ela queria ir além, descobrir mais sobre a vida e seus mistérios. Alice não sabia, mas naquele instante estava acontecendo o despertar de sua consciência.

16

O regresso de Arnaldo

A mansão de Lucrécia estava animada, apesar do adiantado da hora. Naquela noite, Arlete, Bruno, Elza e Arnaldo estavam lá, todos conversando com Eduardo, que era muito bom de papo e com seu charme e energia contagiante agradava em demasia. Até Elza, que era fechada e muito calada, vez por outra esboçava um sorriso e emitia alguma opinião. Estavam, agora, falando sobre política e a difícil transição do governo que estava ocorrendo naqueles dias. E como Lucrécia não entendia nada sobre aquele assunto, resolveu sair e tomar ar no jardim.

Sentou-se em um dos bancos e, naquele instante, agradeceu mais uma vez aos espíritos que trabalhavam com pai Ernesto pela mudança que havia ocorrido em sua vida nos últimos dias. Ela começou a relembrar. Havia tentado de todas as maneiras afastar Eduardo do pai, mas foi em vão, pois os dois continuavam juntos como sempre. Daí ocorreu um fato que pareceu favorecê-la. O filho passou a chegar mais tarde em casa, alegando que o trabalho na empresa havia dobrado. Sempre chegava muito cansado e não mostrava disposição para conversar com o pai como antes. Num desses dias, já depois das onze, Eduardo pediu licença e se recolheu, deixando os pais sozinhos na sala. Lucrécia exultou e, para deixar o ambiente em penumbra, começou a desligar algumas lâmpadas, dizendo:

– Não há necessidade de tanta luz. O Eduardo é que tem essa mania de deixar tudo muito claro. Você acredita que ele não fecha as persianas ao se deitar?

Arnaldo fez menção de se retirar, afinal era tarde e o filho já tinha ido dormir, não havia mais desculpas para ele permanecer ali. De repente, ao vislumbrar a mulher cuidando da casa, a mesma com quem ele viveu durante tantos anos, sentiu o coração descompassar. Ela estava em trajes de dormir e, vez por outra, mostrava mais o busto, que parecia se insinuar aos seus olhos. Arnaldo tentava desviar os pensamentos de desejo, mas não conseguia. Numa força descomunal, disse:

– Já é tarde, Lucrécia. Preciso ir. Amanhã tenho de estar no escritório antes das nove.

Ela, fingindo indiferença, aquiesceu.

– Oh sim, não quero atrapalhá-lo. Também já vou me recolher, aliás, já estava me aprontando para dormir quando você chegou.

Ele virou as costas e saiu. Lucrécia sentiu que o marido voltara a desejá-la, percebeu seus olhares e também sentia que não estava só ali. Tinha certeza de que as entidades serviçais de pai Ernesto estavam presentes, algo ia acontecer.

Arnaldo foi até o portão, mas uma estranha sensação o acometeu. Cenas eróticas entre ele e a ex-mulher vieram com extrema força a sua mente, e ele não conseguiu se controlar. Voltou e ainda a encontrou na sala. Ele sentia que estava agindo contra a vontade, mas havia algo mais forte que o dominava. Sem dizer mais nada, aproximou-se de Lucrécia e a beijou com volúpia. De repente, já estavam no quarto entregues ao amor.

Quando tudo terminou, ele saiu desesperado, tentando conter o pranto e o sentimento de repulsa, enquanto Lucrécia vibrava extremamente feliz.

A partir daquela noite, Arnaldo, vencendo a repulsa inicial, entregou-se àquele sentimento e não via a hora de voltar a ter a ex-mulher em seus braços novamente. De repente, as crises de mal-estar passaram como que por encanto e ele não via mais graça em Alice. Apesar de Eduardo tentar alertá-lo de todas as maneiras, ele não ouvia, e outra noite como aquela aconteceu. Como Lucrécia estava feliz!

Assustou-se com a presença de Arlete, que vinha com duas taças de vinho.

– Vejo que está muito feliz. Pelo semblante distendido, percebo que finalmente conseguiu ter papai de volta.

Pegando a taça e ingerindo pequenos goles, Lucrécia parecia estar em um sonho, quando disse:

– Isso mesmo, Arlete. Nunca saberei como lhe agradecer por ter me levado ao pai Ernesto. Se não fosse por ele, isso não teria acontecido.

Arlete estava curiosa:

– Então vocês reataram? Por que ele não retorna para casa?

– Nós nos amamos duas vezes na semana que passou, e sinto que para ele voltar falta pouco. Parece que estou vivendo no paraíso. Nunca poderia imaginar que a magia existisse e que fosse uma coisa tão boa.

– Para a senhora ver... Comigo também está tudo ótimo. Bruno está cada dia mais agarrado a mim. Não percebeu na sala?

– Sim, eu vi tudo. Quem diria?

– Pois é. Voltei ao pai Ernesto e ele garante que Diva está em coma num hospital sem chance de voltar.

– Isso eu sei, ele me contou. Mas e se Diva sair do coma e Bruno voltar a procurá-la?

– Isso não vai acontecer. Ele me garantiu que tem uma entidade lá impedindo que ela retorne ao corpo, até ele a esquecer de vez. Bruno tem ligado para lá pedindo notícias, e o estado é sempre o mesmo. O irmão rico tem gastado uma fortuna na UTI. Na verdade, eu não queria isso para ela, mas, se aconteceu, nada posso fazer. Depois, pai Ernesto me garantiu que ela não morrerá, ficará assim só o tempo necessário.

Bruno apareceu junto com a irmã e Arlete encerrou a conversa. Quando todos se despediram e Eduardo havia se recolhido, mais uma vez Lucrécia e Arnaldo foram para a cama. Depois de tudo, ela virou para ele e perguntou:

– Querido, não podemos ficar assim.

– Assim? Assim como? Não está bem para você?

Ela não gostou do que ouviu.

– Claro que não está. De repente, os papéis se inverteram, eu virei sua amante e Alice sua esposa. Não quero isso para mim. Depois, tem o Eduardo, que está morando conosco. O que ele vai pensar disso tudo?

Arnaldo sentou-se na cama apoiando a cabeça nos travesseiros macios e perfumados. De repente, influenciado cada vez mais pelas entidades sombrias, ele começou a pensar: "Como pude ter abandonado minha casa tão luxuosa e confortável para viver naquele apartamento? Como fui abandonar minha mulher depois de tantos anos de casado? Pensei amar Alice, mas estou vendo que o que vale mesmo é uma família. Eduardo está aqui e, se eu voltar a morar nesta casa, poderei estar mais tempo com ele. Como amo meu filho!"

Virou-se para Lucrécia e disse:

–Você está certa. Eduardo merece respeito. Por mais moderninho que pareça ser, ele tem ideias que vão contra situações como essa. Não posso permitir que meu filho, a criatura que mais venero neste mundo, pense que sou um mau caráter. A decisão está tomada. Amanhã mesmo volto para casa.

Lucrécia parecia estar vivendo uma ilusão. Precisou ser forte para não deixar transparecer toda a sua alegria e parecer uma mulher fácil. Então falou:

– Faça como achar melhor. O que queria mesmo era uma definição dessa situação, não quero forçá-lo a nada. De qualquer forma, a casa vai estar sempre à sua disposição. Eduardo ficará muito feliz com a notícia.

Naquela noite, Arnaldo não voltou para casa. Acabou dormindo ali mesmo.

Pela manhã, Eduardo viu quando o pai saiu do quarto da mãe e, antes de irem para a mesa do café, foram conversar na sala.

– Pai, pense bem no que está fazendo. Sabe o que acho de toda essa situação. Não penso que é correto ficar iludindo a mamãe. Cedo ou tarde isso vai acabar e ela sofrerá mais uma vez.

– Filho, não se preocupe. Ontem tomei a decisão de voltar a morar aqui. Não é justo, realmente, o que tenho feito com as duas. Alice vai ficar triste, mas é melhor ser sincero.

Eduardo olhou-o fixamente e replicou:

Não pense que ficarei feliz com isso. Sei que está agindo contra sua vontade e isso nunca acaba bem. O senhor ama Alice, mas está iludido pela culpa, talvez induzido por espíritos que não sabem fazer o bem. Essa decisão é muito séria. É preciso que pense mais.

Arnaldo remexeu-se inquieto no sofá. Não ficava bem quando o filho não o aprovava. Tentou obter seu consentimento.

– Eu me enganei quando pensei estar amando Alice. Na verdade, fui tentado pela ilusão de ter uma mulher jovem e bonita comigo. Ademais, minha vida sempre foi aqui ao lado de sua mãe e ao seu lado. Nunca serei completamente feliz morando longe de você. O tempo que ficou no Sul, para mim, foi de muito sofrimento. Talvez, se estivesse aqui, eu não tivesse deixado sua mãe.

– O senhor está querendo transferir para mim uma responsabilidade que é só sua. No entanto, eu paro por aqui. Tentei alertá-lo, conversei, fiz o que pude, agora está em suas mãos. Faça como achar melhor.

– Sei que não está aceitando minha volta ao lar de bom grado, mas provarei que estou certo tomando essa decisão.

A conversa foi encerrada e eles foram para a mesa onde Lucrécia, com o rosto sereno e cantando, os esperava. O café transcorreu em silêncio, mas Arnaldo percebeu que o filho estava completamente descontente com sua atitude.

Quando terminou a refeição, ele seguiu para o apartamento onde estava Alice. Sabia que seria difícil aquele momento, mas teria de acontecer. Sem que percebesse, vultos escuros rodopiavam ao seu redor, rindo com prazer.

Ao abrir a porta, uma surpresa: Alice com muitas malas na sala já o esperava para sair. Os dois trocaram um olhar significativo e nada mais precisaria ser dito. Entretanto, Alice, muito serena, monologou:

– Aqui estão as chaves do apartamento. Não precisa me dizer mais nada. Sou digna e sei quando uma situação se torna insustentável. Não sei o que o fez mudar assim tão rápido e sem motivo, mas sei que nada acontece por acaso e, antes que um de nós pudesse se ofender ou se magoar, eu me retiro. Foi bom enquanto durou, e eu ainda o amo muito. Talvez não ame mais ninguém neste mundo como um dia amei você. Mas quem ama liberta. A partir de hoje, sinta-se livre de qualquer compromisso comigo. Não precisa se culpar porque me desonrou e me tirou de casa em uma situação complicada. Tudo foi com meu consentimento. Adeus e boa sorte!

Alice deixou as chaves sobre a mesa e saiu sem olhar para trás. Minutos depois, o motorista subiu e começou a retirar as malas. Arnaldo, vendo aquela cena, correu para o quarto e começou a chorar copiosamente. Por que tudo aquilo estava acontecendo, por quê? Ele não queria aquilo, amava Alice, mas também queria Lucrécia. O que fazer? Por que estava tão confuso?

Ele ficou ali naquele desespero por mais de meia hora. Logo depois, duas entidades obscuras começaram a soprar em seus ouvidos:

– Fique firme, você tomou a atitude correta. Não aprendeu em sua religião que o casamento é para sempre? Queria viver em adultério para o resto da vida? Você se livrou do pecado. A separação não pode acontecer, voltar para sua santa esposa é o melhor.

Uma mulher vestida de freira, com o rosto severo, sussurrou também:

– É isso mesmo! Deus condena o divórcio. Viver com a esposa é o melhor para um homem. Mostre que é honrado. Seu filho é um santo e não gosta do pecado, por isso nem se relaciona sexualmente com outra pessoa. Quer que ele pense que você é herege? Ânimo. Acredite que o Senhor vai te ajudar.

Arnaldo, pensando no filho com veneração, voltou a se animar. Essa era a melhor atitude. No fundo, Eduardo estava muito feliz, só não queria demonstrar. Sentindo-se melhor, lavou o rosto, pegou as chaves e saiu. Desta vez sentindo-se menos angustiado. Os espíritos o seguiram.

17

O rompimento com as forças do mal

Após as intensas atividades no terreiro, Ernesto ainda se manteve por lá com seu fiel assistente Hugo. Foram muitos despachos realizados naquela noite, mas ainda faltava o principal.

Quando o último médium havia se retirado e ele se certificou de que estava só, saiu da tenda juntamente com Hugo carregando vários apetrechos e um bode preto amarrado com uma corda. Chegou ao meio do terreiro e observou a lua nova que ia alta no céu. Ernesto entrou em transe, virou os olhos e começou a fungar. Apesar de incorporado, ele continuava consciente e começou a murmurar palavras em língua estranha. Tudo tinha de dar certo e ele teria Ingrid somente para si. De repente, Hugo começou a tremer e caiu desmaiado. Ernesto pegou o bode, cortou seu pescoço e o sangue jorrou em profusão na bacia de prata que refletia a luz da lua. Depois, vagarosamente, pegou uma caneca de barro, encheu-a de sangue e deu para Hugo beber.

Terminado o estranho ritual, a entidade incorporada falou convencida:

– Grande foi o seu oferecimento a Belzebu. A menina será sua.

Vários estouros foram ouvidos no ar e um cheiro forte de enxofre dominou todo o ambiente.

Satisfeito, Ernesto recolheu a bacia, as adagas, as velas e os castiçais e retornou à tenda. Estava muito feliz, finalmente teria a amada em seus braços. Era uma questão de dias. Após a primeira consulta, Ingrid ainda não havia retornado, e dali a dois dias estava marcada a próxima sessão. Teria de continuar a enganá-la dizendo que estava fazendo a bruxaria para Diego e, enquanto isso, ganhava tempo. Sabia que suas entidades não falhavam, e logo ela se declararia.

Com esse pensamento, entrou no carro, deixou Hugo em casa e foi se recolher. O dia fora por demais cansativo.

Ingrid passou a odiar verdadeiramente os domingos. Sua mãe, Marisa, fazia questão de que Vanessa, Diego e os netos almoçassem com ela, e era um tormento ver o homem amado continuar a ser tão carinhoso com sua irmã, cobri-la de beijos e carinhos. Após o almoço, eles ficavam por ali e só iam embora quando estava escurecendo. Naquela tarde, ela precisou ter uma força ainda maior para poder se controlar. Sua paixão estava chegando ao limite, mas pensava que pai Ernesto iria ajudá-la, e com esse pensamento se acalmava.

Após o almoço, enquanto Diego se entretia na grama do quintal com os filhos, ela foi se deitar na rede da sala. Marisa estava na cozinha lavando a prataria, e Vanessa, sem ter o que fazer, resolveu conversar com a irmã.

– Desculpe se estou impedindo seu cochilo, mana, é que nunca mais conversamos e estou com saudades. Por que não tem ido mais lá em casa?

Uma imensa raiva brotou no coração de Ingrid, mas ela não demonstrou, apenas respondeu com má vontade:

– Sabe que estudo e que não posso me dar ao luxo de estar sempre na sua casa.

Vanessa, sem perceber, continuou:

– É que tenho sentido a sua falta. Sempre fomos muito ligadas. Lembro-me de você ainda bebê, naquela época era eu quem cuidava de seu bem-estar, enquanto nossos pais trabalhavam.

– Mas eu cresci e já sou uma mulher, será que não dá para perceber?

– Nossa! Por que está tão irritada? Notei que você não está bem hoje. Algum problema? Você sabe que eu sempre estarei aqui para o que der e vier.

Ingrid sentiu uma ponta de remorso, mas não deveria ceder. O que importava era seu amor por Diego. Todavia, não era bom que a irmã percebesse que algo estava errado, por isso tentou dissimular.

– É que estudar, às vezes, cansa. Pretendo ser publicitária, mas para isso tenho de estudar muito. Tenho ficado até altas horas com livros e cadernos na mão. Até no fim de semana preciso rever as matérias do cursinho. Estou estressada.

– Mas vale a pena. Hoje sou médica, e para chegar até aqui tive de estudar muito também. Sei que você, assim como eu, vai conseguir. É bom ser independente, ter o próprio dinheiro. Eu mesma não ia querer passar a vida dependendo do dinheiro de Diego. E se um dia a gente se separar?

Ingrid animou-se. Então a irmã cogitava a ideia de separação.

– Então pensa em um dia acabar o casamento? Nunca imaginei que isso passasse por sua cabeça.

– Não é que pense, mas ninguém pode contar com o futuro. Amo o Diego e sei que sou correspondida, mas também sei que não sou a dona dele. Ficarei até quando nosso amor durar.

– Nos tempos atuais, o casamento não dura muito mesmo. É bom estar prevenida. Depois, o seu marido é um homem muito bonito. Qualquer hora pode encontrar uma amante.

Vanessa achou estranha a resposta da irmã.

– Por que diz isso? Sabe de alguma coisa que não sei?

Intimamente Ingrid ria, mas sabia que havia se excedido e deveria parar.

– Não se preocupe, mana. Diego lhe é muito fiel. Não notou meu tom de brincadeira?

Vanessa sorriu.

– É, você só podia estar brincando mesmo. Agora vou ter com Diego no quintal e você trate de tirar uma soneca.

Ao ver a irmã se afastar, Ingrid pensou com ódio: "Não sabe o que a aguarda".

Na segunda-feira pela manhã o consultório de Ernesto estava cheio, mas sua secretária, já avisada e com muita sutileza, passou Ingrid à frente dos outros, e logo ela estava cara a cara com o homem que, segundo seu pensamento, iria transformar seu sonho em realidade. De costas para ela, Ernesto esperava o momento certo de encará-la com profundidade, passando sensualidade e magnetismo, assim como as entidades o orientaram. Como o tempo estava passando e só havia um grande silêncio no ambiente, Ingrid começou a se impacientar e quase ia chamando-o, quando resolveu se calar. Pensou que ele deveria estar conversando em pensamento com os espíritos.

De repente e sem que Ingrid pudesse prever, ele já estava na frente dela, a fitar seus olhos com profundidade. Ela estremeceu e sentiu uma leve tontura. Começou, estranhamente, a sentir um aroma delicado no ar e leves arrepios tomaram conta de seu corpo. Completamente envolvida, Ingrid começou a ver Ernesto com outros olhos. Sem que conseguisse conter sua imaginação, ela pensava: "Que homem interessante e bonito! Não tão bonito quanto Diego, mas tem masculinidade e ainda é jovem, como não reparei nisso antes?"

Ernesto, percebendo o envolvimento, começou:

– Consultei minhas entidades e elas me disseram algo muito importante sobre seu caso.

Estremecendo pela quebra do silêncio, ela, mesmo um pouco atordoada, conseguiu prestar atenção no que ouvia e, curiosa, perguntou:

– O que elas disseram? Não me importo com o dinheiro, tenho como conseguir.

– Elas nem colocaram preço, disseram que é um caso perdido. Sua irmã e seu cunhado se amam de verdade e, nesse caso, não há como interferir. É melhor guardar seu dinheiro para outras coisas. Sou um pai de santo que age com ética, quando vejo que um caso é perdido não engano a pessoa. Esqueça seu cunhado e siga sua vida. Você é jovem, bonita e pode encontrar um homem à sua altura.

Ingrid começou a soluçar. Se nem um homem poderoso como aquele podia resolver sua vida, então realmente não havia outro caminho, ela tinha de desistir e voltar à sua rotina de sempre: estudando, indo para casa, ajudando a mãe nas tarefas domésticas e, o que era pior, vendo Diego e Vanessa cada dia mais felizes.

Ernesto, percebendo sua fragilidade, sentou-se ao seu lado.

– Tome este lenço e enxugue suas lágrimas. Estou sendo sincero. É melhor chorar agora do que depois, quando tiver gasto muito dinheiro sem resultados. O que mais existe nesta São

Paulo são charlatães que vão tirar de você tudo quanto possua, e no fim sua irmã continuará feliz ao lado do marido.

Ela estava revoltada.

– Então por que Deus fez eu me apaixonar por um homem que me é impossível? Isso não é justo! Terei de sofrer a vida inteira?

– Essa paixão é só um arroubo da juventude e, com o tempo, vai passar. Além do mais, sei de um homem que está amando você como nunca amou ninguém.

Ingrid, já com mais cor no rosto, perguntou sem muito interesse:

– Sabe? É seu cliente? Tem muitos garotos interessados por mim.

– Não é meu cliente, é meu amigo. Pediu-me que a apresentasse a ele. Aceita sair comigo para que vocês possam se conhecer?

– Se não é seu cliente, como me conheceu? Afinal, esta é a segunda vez que venho aqui.

– Ele estava saindo daqui quando você chegou naquele dia. Ficou aí na frente esperando-a sair e depois voltou para me pedir informações a seu respeito. Falei que faria o possível para ajudar. Ele gostou de você e já está amando-a.

– Como alguém pode me amar se me viu apenas uma vez? Estou achando tudo isso muito estranho.

– Você, por acaso, não acredita em amor à primeira vista? Não foi assim que começou a gostar de Diego?

Ela aquiesceu e ele continuou:

– Podemos marcar para a quarta-feira à noite. O que acha?

Ela estava por demais envolvida por aquele homem. Enquanto pai Ernesto falava, ela começou a sentir uma atração muito forte por ele. Era um homem extremamente agradável e exalava masculinidade. Algo em seus olhos a fascinava.

– Tudo bem, aceito! Mas estou indo para ficar mais tempo em sua companhia. Não consigo entender, estou me sentindo mais segura ao seu lado. Depois, quero sair da rotina. Anote o endereço do meu cursinho. Direi à mamãe que vou estudar. Ela não ia gostar nada de saber que estarei na companhia de dois desconhecidos.

Ernesto anotou com satisfação e, quando Ingrid saiu deixando delicado perfume no ar, ele se sentiu o homem mais feliz do mundo. Nunca poderia imaginar que fosse amar outra pessoa depois de Mariana. Estava radiante e muito contente. Como era boa a magia! Podia dar a ele a mulher amada. De repente, um pensamento lhe veio à mente. No pacto que fez com Belzebu, ele havia prometido que jamais amaria alguém ou se interessaria por mulher alguma, que viveria somente para a bruxaria e nada mais. Isso havia ficado muito claro quando começou a aprender as técnicas de magia com Wilton e Belzebu. Ao mesmo tempo, sabia que sua relação com Ingrid, por mais que evoluísse, em nada iria impedir que ele continuasse seus afazeres no terreiro como pai de santo. Resolveu esquecer e atender o próximo cliente.

O que Ernesto não sabia era que os espíritos que o guiavam estavam atentos a tudo o que acontecia. Só naquele instante perceberam que Ernesto estava apaixonado, tentado ao amor. Eles sabiam que a entidade que se intitulava Belzebu não iria gostar nada da ideia e trataram de agir.

No fim da tarde uma surpresa. Wilton estava à sua frente. Algo grave havia acontecido. Ele era também um pai de santo famoso e não tinha tempo para nada, se estava ali era porque tinha algum recado para ele de suma importância.

Wilton fitou-o com olhos preocupados e disse:

– Ernesto, hoje recebi um recado e fui encarregado de lhe passar com a maior rapidez possível. A nossa entidade chefe já está sabendo de tudo. Você foi envolvido pela chama da paixão e está se deixando levar. Sabe que em nossa seita jamais podemos nos envolver com ninguém. Belzebu o escolheu só porque você ficou viúvo, não queria mais ninguém. Vim aqui para alertá-lo. Se continuar com essa paixão tenebrosa, seu fim será trágico. Morrerá e passará a ser escravo no astral. Ninguém rompe um trato com nosso chefe sem a severa punição.

Ernesto desabou na cadeira.

– Não sei o que fazer, simplesmente aconteceu. Estou amando e quero ser correspondido. Além do mais, quando fiz o feitiço, as próprias entidades disseram que Belzebu havia permitido.

– Você foi iludido por outros espíritos. Ele jamais permitiria uma coisa dessas. Você foi meu pupilo e me é muito querido, desista enquanto é tempo. Sabe que sou muito ocupado e não poderei voltar aqui para lhe dar outro aviso como este. Se quiser continuar com essa loucura, só posso mesmo é lamentar, será mais um servo das trevas no além.

Wilton saiu deixando Ernesto desalentado. Ele havia se esquecido completamente que os homens daquela seita não podiam se envolver amorosamente com ninguém. De que adiantaria sua vida agora? Tinha dinheiro, carro do ano, casa confortável, muitos imóveis, mas sem o amor de Ingrid sua vida perderia completamente o significado. De repente, resolveu: iria, sim, envolver-se com ela, nem que fosse a última coisa que faria em sua vida.

Um espírito que o observava perguntou ao outro:

– Esse está perdido. Devemos trazê-lo para cá. Vamos fazer isso agora? Poderemos produzir uma parada cardíaca fulminante.

O outro meneou a cabeça negativamente:

– Ainda não. Vamos ver se ele tem mesmo coragem. Depois que ele sentir o gosto do amor novamente é que o faremos morrer. Neste lado e sem o amor, após tê-lo provado, sofrerá muito mais, não acha?

– Claro que sim, Germano. Como não pensei nisso antes? Grande ideia a sua.

– Não foi minha, seu idiota, recebi diretamente de Belzebu. Não sabe que sou médium e que recebo comunicações ostensivas dele?

– É mesmo, havia esquecido que aqui deste lado também existe mediunidade.

– Então vamos aguardar, vamos dar mais corda a ele para que se enforque.

Gargalhadas foram ouvidas no ambiente e Ernesto, arrepiado, as escutou.

18

O envolvimento de Ingrid

Marisa estava à máquina de costura quando viu Ingrid sair do quarto vestida de forma diferente naquela noite. Estranhou, pois a filha geralmente usava um jeans e uma blusinha simples para ir ao cursinho e agora estava com um vestido novo, muito elegante, que tinha comprado havia pouco tempo.

– Por que está vestida assim, filha? Vai faltar ao cursinho para ir a alguma festa?

Ela, esperando pela pergunta, respondeu prontamente:

– É que depois do cursinho vou à festa de aniversário da Adriana, por isso me vesti assim.

– Não seria melhor você voltar para casa e se arrumar depois? Seus colegas vão achar estranho e podem até fazer piada.

– Qual nada, mãe, outros colegas do curso irão também, pretendo pegar carona com eles. Se eu me atrasar, não se preocupe, estarei em boas mãos e prometo não demorar muito.

– Vá com Deus, minha filha.

Ingrid andou alguns metros e, chegando à esquina, tomou um táxi. Teria de deixar aqueles livros e cadernos na casa de uma colega antes de ir para a frente do prédio onde estudava. Não pretendia entrar, ficaria na portaria esperando Ernesto chegar. Estava muito excitada e não sabia para onde ele a levaria nem quem era o homem que estava apaixonado por ela. Na verdade, o que Ingrid não conseguia entender era por que passara os últimos dias pensando tanto em Ernesto. Não conseguia tirá-lo da cabeça, e chegava inclusive a ter pensamentos eróticos em relação a ele. O que ela não sabia era que estava sendo envolvida por entidades das trevas para fazer com que Ernesto quebrasse o trato e sofresse.

Assim que ela chegou, após poucos minutos Ernesto desceu de um carro último tipo e, ao vê-lo, sua excitação aumentou. Ele estava muito elegante, bem vestido, estava perfeito! De repente, pensou que Diego não tinha mais tanta importância assim. Se pai Ernesto a apresentasse ao amigo, ela recusaria e depois trataria de se declarar a ele. Após vê-lo tão impecável, tinha a certeza de que estava apaixonada.

Como fora cega querendo destruir o lar da irmã. Ainda bem que havia acordado a tempo.

Entrou no carro e durante o percurso foram conversando amenidades. Ernesto versava bem sobre diversos assuntos, e logo estavam à mesa de um famoso piano-bar. Após os aperitivos, Ingrid indagou:

– Onde está seu amigo que não chega? Por que a demora? Terá desistido de me conhecer?

Ernesto pegou as mãos de Ingrid e apertou-as entre as suas. Disse com voz dominada pela paixão:

– Não existe amigo nenhum. O homem que está apaixonado por você sou eu.

Ingrid surpreendeu-se.

–Você? Como pode? Por que não me disse antes?

– Inventei aquela história porque não queria que você fugisse de mim assustada. Mas aqui, agora, nesse clima romântico, sinto-me seguro para me declarar. Estou amando você e quero que seja minha esposa.

Ela parecia estar vivendo um sonho. Completamente envolvida, ela respondeu:

– Pois eu também estava torcendo para que esse seu suposto amigo não aparecesse ou desistisse de mim. Na verdade, não consigo parar de pensar em você. É um sentimento forte, inexplicável. Parece que o conheço há muito tempo, sinto ânsia de estar ao seu lado. Agora, neste momento, percebo que o que sentia por meu cunhado era uma paixão boba. Eu aceito ser sua esposa.

Ernesto delirava. Tomou Ingrid pelas mãos e a levou para a pista de dança. O piano tocava *Crazy*, e eles, envolvidos, deixaram-se levar pelo som bonito da melodia. Logo estavam no carro mais uma vez e Ernesto a levou para sua casa. Sabia que ela se entregaria a ele naquela noite, por isso preparou a cama com pétalas de rosas vermelhas e aromatizou o ambiente com agradável cheiro de sândalo. Completamente apaixonados, Ernesto e Ingrid entregaram-se ao amor. Amaram-se várias vezes durante a noite e Ingrid, esquecida do mundo lá fora, acabou dormindo ali mesmo.

Pela manhã, Ingrid acordou cedo e observou Ernesto, que dormia profundamente. Inebriada por tudo o que viveu, pensou: "Como estou feliz! Como estava enganada quanto ao que sentia por Diego. Ernesto é tudo o que quero para mim." Movida pela paixão, ela o beijou várias vezes no rosto sem que ele acordasse.

Desceu as escadas e ligou para a mãe, que atendeu aflita:

– Filha, onde você está? Estamos todos preocupados. Você nunca dormiu fora de casa e não temos o telefone de sua amiga aqui. Você está bem?

– Sim, mãe, estou ótima. A festa se alongou e ficou tarde para voltar, resolvi dormir na casa da Adriana mesmo, logo estarei aí. Mas você disse que estão preocupados? Por acaso Diego e Vanessa estão aí?

– Não, mas já liguei para eles avisando. Querem saber onde você está. Ainda bem que está tudo em paz. Isso não se faz. Onde já se viu uma moça de família dormir fora de casa?

– Deixe de drama, mamãe, já dormi fora outras vezes, quando fui acampar, e a senhora não se importou.

– De qualquer forma, volte logo, pois não quero que fique na casa dos outros dando trabalho.

Ingrid desligou e foi preparar um café para quando Ernesto despertasse. Ficou deslumbrada com a cozinha. Tudo muito moderno, limpo e tinha de tudo. Preparou uma bandeja e levou ao quarto. Ernesto estava acordando quando ela entrou. Não conseguia se conter de felicidade. Parecia que voltara a viver. Havia se esquecido de como o amor era importante. Passara a se dedicar à magia e deixara de viver. A partir de agora, independentemente do que acontecesse, ele iria viver esse amor.

Depois do café, ele, com olhos fixos nos dela, perguntou:

– Como será nossa vida de agora em diante? Já me considero casado com você.

Ela mostrou preocupação no rosto.

– Não queria pensar nisso agora, mas confesso que será difícil para mim assumir uma relação com você e casar. Minha mãe é muito conservadora e também entende de magia. Ela praticava desde a adolescência, mas deixou-a quando se casou por imposição de meu pai. Depois que ambos se separaram e ele foi para Ouro Preto, ela não se sentiu mais à vontade para voltar, diz que prefere a máquina de costura. Mas o certo é que minha mãe entende muito do assunto e sempre me diz que pais de santo, geralmente, trabalham para o mal, e que aqueles que fazem bruxarias para destruir pessoas estão ligados às trevas. Ela nunca vai aceitar nossa união.

Ernesto ajeitou-se na cama e respondeu:

– A magia é uma espécie de ciência muito antiga. Praticamente todos os povos a praticaram durante sua passagem pelo mundo. Eu preferi me dedicar ao mal. Estava desiludido com a vida e com Deus, e ainda estou. Agora, com você, é que parece que o mundo voltou a sorrir para mim. Estou disposto a largar a magia por você, já tenho muito dinheiro e podemos ser felizes juntos. Ninguém precisa saber o que sou e o que faço.

– Você é muito famoso em toda a São Paulo e até em outros estados. Provavelmente minha mãe sabe quem você é.

Ernesto sentiu-se desanimado. Após aquela linda noite de amor, não queria pensar em mais nada. Mas, ao mesmo tempo, Ingrid entrara em seu coração, e foi com veracidade que ele falou em abandonar a prática da magia por ela. Não voltaria a acreditar no bem nem em Deus, claro, mas deixaria de ser pai de santo, se esse fosse o preço para tê-la para sempre em seus braços. Ouvira dizer que coisas horríveis aconteciam com quem abandonava o pacto com essas entidades diabólicas, mas queria pagar para ver. Mesmo que para isso precisasse morrer, ele seria feliz enquanto pudesse. Resolveu contemporizar.

– Não vamos pensar em nada agora. Por enquanto, vamos manter nosso amor em segredo. Fecharei meu terreiro e consultório, darei um tempo para que as pessoas me esqueçam como bruxo e depois pedirei sua mão em casamento para sua mãe.

Ambos resolveram esquecer o assunto e Ingrid partiu. Ernesto estava descendo as escadarias quando ouviu um assobio. Seu corpo arrepiou-se por inteiro, e ele sentiu medo. Era alguma entidade que queria falar com ele e, pela sensação, não vinha com boas intenções. Mentalmente, ele começou a conversar:

– Quem é e o que deseja?

– Aqui é Germano e trago mensagem de Belzebu para você.

– Diga. Estou pronto.

– Ele já sabe o que está se passando e o considera um traidor. Como tal, terá a paga que merece. A partir de hoje sua mediunidade está suspensa e se prepare para o que o aguarda.

–Vão me matar? Podem fazer isso desde já. Provei o gosto do amor verdadeiro e, por mais que me tirem desta vida, irei feliz, pois o momento que vivi ontem me fará feliz pela eternidade.

Germano riu macabramente.

– Estudamos seu caso com profundidade. Você se comprometeu seriamente com o que chamam de lei de causa e efeito. No terreiro, fez rituais de amarração, separação, moléstias e até mortes. Pensa que vai ficar impune? Além do mais, está rico com um dinheiro amaldiçoado, e terá de prestar contas um dia, centavo por centavo. Se tirássemos sua vida agora, seu sofrimento seria pouco. Fique com o seu amor e aproveite enquanto pode. O que está reservado para você eu não quero nem para o meu pior inimigo. Adeus e seja muito infeliz.

Ernesto ficou tonto e quase desmaiou. Com muita força, readquiriu o controle de seus movimentos e sentou-se em uma cadeira. Pelo menos eles não o mataram. Mas Germano sabia de alguma coisa muito terrível que iria lhe acontecer. O que seria? Matariam Ingrid? Não. Não podia ser. Ela era uma pessoa protegida, tinha luz, eles não conseguiriam fazer isso.

O estômago começou a arder, ele tomou um sal de frutas e foi para o consultório, que ficava nos fundos da casa. Estava decidido a parar com o que vinha fazendo por amor a Ingrid.

Muitos clientes importantes estavam à sua espera naquele dia. Ele foi enfático ao dizer que estava fechando o consultório por tempo indeterminado. Mentiu dizendo ser ordem das entidades e que ele, durante o tempo em que ficaria ausente, iria fazer um curso, de onde voltaria mais poderoso ainda. Algumas pessoas aceitaram, outras protestaram, pois já haviam pago metade do dinheiro dos despachos. Ele prometeu devolver, e assim o problema foi resolvido.

O que ele não sabia é que ninguém lucra com o mal, e que, para ser feliz como ele sonhava, haveria de trilhar um longo e árduo caminho de redenção.

19

O preço da ambição

Arlete dirigia em alta velocidade por entre os carros de uma movimentada avenida, embora as lágrimas embaciassem sua visão. Não podia acreditar que aquela tragédia havia acontecido. Por sorte não pegara nenhum engarrafamento, e logo entrou na garagem da mansão da mãe, cantando pneu. Esbaforida, abriu a porta e deixou-se cair no chão num pranto convulsivo. Lucrécia estava ao telefone conversando com uma amiga, mas, ao ver o estado da filha e sentir que algo muito sério havia ocorrido, desligou sem se despedir. Tirando Arlete do chão perguntou, aflita:

– Meu Deus! Minha filha, o que houve?

Arlete soluçava e não conseguia articular nenhuma palavra. Quanto mais Lucrécia inquiria, mais ela chorava. Pediu que a empregada trouxesse um calmante e a fez tomar mesmo a contragosto. Os minutos se passaram e, aos poucos, pelo efeito do medicamento ela se acalmou, só aí pôde falar:

– Foi horrível, mãe. Horrível. Eles estão mortos.

– Mortos? Quem?

– Bruno e Elza. Os corpos estão no Instituto Médico Legal. Foi durante a madrugada, mas só soube agora – ela contava enquanto o pranto retornava.

Lucrécia ficou nervosa, mas queria saber ao certo o que tinha acontecido.

– Conte-me. Como isso aconteceu? Foi assalto?

Mesmo entre soluços, Arlete tentou explicar o que até para ela estava confuso.

– Bruno e Elza, nas últimas semanas, passaram a chegar cada vez mais tarde em casa. Não me metia nos assuntos deles e não fazia perguntas. Só que ontem eles demoraram mais que o habitual, passava das três e nem sinal. Comecei a ficar preocupada. Pensei em ligar para cá, mas resolvi esperar. Não consegui mais pregar o olho e o dia clareou sem que eu tivesse nenhuma notícia. No íntimo, sentia que algo grave estava acontecendo. Pela manhã, quando Iracema chegou, encontrou-me no sofá da sala aflita. Enquanto ela preparava o café, o telefone tocou e fui atender com rapidez. Uma voz masculina do outro lado da linha dizia:

– Apagamos os dois, não cumpriram as regras, nos traíram pela ambição, receberam a morte. Se você sabe de alguma coisa, fique calada ou sua vida não valerá nem um centavo.

– Fiquei aterrada e não tive tempo de perguntar coisa alguma, pois o homem desligou. Naquele momento, senti que Bruno havia morrido, mas não queria acreditar. Fiquei ansiosa e com medo. Não poderia prestar queixa em nenhuma delegacia, não podia fazer nada, a não ser ficar quieta e esperar. Iracema percebeu meu nervosismo e me deu um chá, mas não me acalmei. Horas mais tarde, um delegado ligou.

– É da casa do senhor Bruno Lopes de Oliveira?

– Sim. O que houve?

– Encontramos o corpo dele e o de uma mulher chamada Elza com o mesmo sobrenome, com vários tiros e afogados na represa Guarapiranga. Sinto muito, mas eles foram assassinados. A senhora precisa reconhecer os corpos com urgência.

– Não consegui mais escutar o que o delegado dizia e desmaiei. Quando acordei, deixei tudo e vim para cá. Nem sei como não morri também nesse trânsito. Não tenho coragem para fazer o reconhecimento dos corpos. Ajude-me, mãe.

Arlete não conseguia conter o pranto, ao que Lucrécia dizia:

– Calma, filha. O Bruno tem um irmão que mora em São Paulo e os pais que residem em Guararema. Mas o que você sabe sobre essas mortes? Pela ameaça que recebeu, deve estar por dentro do que eles faziam.

– Eu não sei ao certo. Bruno e Elza tinham contas conjuntas em que depositavam dinheiro ilegal. Eles ajudavam traficantes de drogas. Devem ter cometido algum deslize. A Elza era muito ambiciosa. Eu costumava escutar o que eles conversavam nas madrugadas e, da última vez, a ouvi dizer que havia outro grupo interessado nos serviços deles e que a comissão seria maior. Por certo eles traíram o grupo antigo e morreram. Mãe, diga-me, o que farei sem meu marido?

Lucrécia estava horrorizada com tudo aquilo. Na verdade, nunca simpatizara com Bruno e menos ainda com Elza, que mais parecia um homem. Contudo, era hora de consolar a filha e tentar ajudá-la.

– Vou com você fazer o reconhecimento dos corpos. Precisa ser forte. Depois ligaremos para os pais deles e os avisaremos. Falaremos também com esse irmão que mora aqui. Como é o nome dele mesmo?

– Ernesto. Eu nunca o conheci, nem mesmo por foto. Bruno raramente falava dele e da família.

– Que coincidência. Ernesto é o nome do pai de santo que tanto nos ajudou.

– Sim, mas isso pouco importa. Quantos Ernestos não existem por essa São Paulo?

Depois que Arlete se refez, Lucrécia ligou para Arnaldo contando o ocorrido e logo depois partiram para o IML.

20

A transformação de Ernesto

Ernesto havia acabado de fazer amor com Ingrid e observava enlevado seu sono. Depois do encontro em que havia se declarado, eles passaram a se encontrar com frequência, sempre à noite. Ela dizia à mãe que ia estudar, mas dirigia-se para a casa de Ernesto, onde viviam intensas horas de amor. Eles resolveram manter o romance em sigilo absoluto, porque Ernesto havia feito fama como pai de santo. Se a mãe de Ingrid descobrisse, certamente proibiria a relação. Mesmo assim, iam a bons restaurantes, confeitarias, pistas de danças. Ernesto estava muito feliz, tão feliz que não imaginava ser possível nada maior em sua vida. Conhecia muito de magia, mas não estava com medo do que pudesse lhe acontecer, afinal, já estava se relacionando com sua amada havia oito meses e continuava bem e alegre.

Ingrid era especial, carinhosa e estava realmente gostando dele. Ernesto sabia que a magia que havia feito só fora o pontapé inicial, pois as bruxarias de amor, quando fazem efeito, não trazem harmonia ao casal, logo começam as brigas, violências, discussões. Já entre ele e Ingrid tudo corria às mil maravilhas e ela não parecia nada embruxada. Sentia em seus olhos, em seus gestos, que o amava verdadeiramente. Como ele estava feliz! Descobrira que a vida não valia a pena sem amor, carinhos, beijos, sexo, companhia. E se até aquele momento nada de ruim lhe acontecera, era porque os espíritos malévolos tinham deixado de persegui-lo.

De vez em quando ele se arrepiava e ouvia algumas gargalhadas, mas logo mudava o pensamento e esquecia. Germano tinha lhe dito que ele havia perdido a mediunidade, portanto não precisava mais se preocupar. O que Ernesto ignorava é que nenhum médium perde sua sensibilidade. Às vezes, momentaneamente, para testar a paciência do medianeiro ou quando ele se perde nas ilusões do mundo, o sexto sentido é retirado apenas na forma ostensiva, mas a pessoa continua a captar pensamentos, vibrações, intuições e inspirações do além. A captação energética é inevitável para quem alguma vez já desenvolveu a mediunidade.

O telefone tocou e Ernesto foi atender. Uma voz conhecida falou:

– É da casa do senhor Ernesto?

– Sim, é ele quem fala.

– Aqui é Lucrécia, mãe de Arlete, esposa de seu irmão Bruno.

– Lucrécia? É você mesma? A esposa do engenheiro Arnaldo?

– Como assim? Você me conhece de onde?

– Você e sua filha, Arlete, vieram me procurar quando eu trabalhava com magia, não se lembra? Se está hoje com seu marido, agradeça a mim.

Lucrécia não esperava por aquilo. Era coincidência demais. Mas ela não perder tempo, e foi direto ao assunto.

– Não importa o que fui fazer, o que importa é o que tenho para lhe falar agora.

Ernesto estava estupefato. Então o Bruno, para o qual fizera o feitiço, era seu irmão, talvez por isso não tenha conseguido ver o rosto dele. Era coincidência demais. Sabia que o irmão morava no Rio de Janeiro, mas não sabia o nome de sua esposa nem como vivia, uma vez que ele e Elza abandonaram tudo e nunca mais tiveram contato.

– O que aconteceu com meu irmão?

– Ele está morto. Não só ele, sua irmã também morreu.

– Como? – Ernesto sentiu uma tontura e ajeitou-se melhor na cama. Aquela mulher, além de irritante, não sabia dar uma notícia como aquela de maneira mais adequada.

– É isso o que ouviu. Seus irmãos foram assassinados durante essa madrugada e ninguém sabe o motivo do crime. A polícia está investigando, mas nada descobriu até agora. Minha filha está em pânico, terá de depor, não sabe o que fazer. Estou ligando também para avisar que telefonamos para seus pais e demos a notícia. Acho bom você ir direto para lá. Sua mãe reagiu bem, ficou equilibrada e serena, mas seu pai teve um derrame e está internado. Foi com dona Lúcia que consegui o seu número, e nem havia me dado conta de que é o mesmo que consta de seu cartão de pai de santo. Como o mundo é pequeno!

– Muito obrigado por avisar. Vou tomar as devidas providências de velório e sepultamento e depois irei a Guararema ver meus pais.

– Arnaldo já tomou todas as providências, não precisa se preocupar. Acho bom você largar tudo e ir logo ajudar sua mãe. Ela é forte, mas ninguém sabe até quando irá aguentar sozinha. Afinal, dois filhos morreram, um está distante e o marido, em estado grave. Não sei como os seus guias não lhe informaram isso, foi preciso eu gastar com esse telefonema. Anote aí o endereço do cemitério onde será o velório.

Ernesto anotou, um pouco enraivado pela ironia de Lucrécia, e depois desligou. Precisava ir com urgência ter com os pais. Nesses oito meses depois de ter fechado o terreiro e o consultório, ele havia se reaproximado dos pais, que ficaram muito felizes com sua nova vida. Só não contou que estava namorando e que pretendia se casar. Acordou Ingrid que, sonada, não entendeu o que estava acontecendo.

Ernesto explicou tudo e pediu que ela o acompanhasse.

– Não acho prudente. Seus pais não sabem do nosso envolvimento e podem não aprovar. Sou muito nova e eles vão pensar que quero me beneficiar de seu dinheiro.

– É hora de revelar a todos que nos amamos, para que esconder? Chegou o momento. Estamos felizes, vamos nos casar, não vamos mais adiar as coisas.

– Tenho medo. Minha mãe e minha irmã não aprovarão minha união com você.

– Não revelaremos a eles agora. Por enquanto, acompanhe-me a Guararema e eu a apresentarei à minha mãe. Depois resolveremos como vamos dar a notícia a sua família. Você já é maior e pode fazer o que quiser de sua vida. Se sua mãe se opuser, você se casa comigo mesmo a contragosto dela, não é?

– Claro que sim.

– Então, ligue para ela e invente que vai dormir na casa de uma amiga. Partiremos agora mesmo.

Ingrid ligou para Marisa e a convenceu de que dormiria na casa da amiga Adriana, não sem antes avisá-la que sua mãe poderia ligar para confirmar. Adriana era a única pessoa que sabia de sua união com Ernesto.

Tudo arrumado, eles se puseram a caminho. Era noite e o trânsito estava calmo. Quando chegaram, foram diretamente para o hospital onde seu Anselmo estava internado. Dona Lúcia cochilava no corredor mas, ao ver o filho, despertou e o abraçou. Chorou muito, mas notava-se que era um pranto conformado, resignado. Ernesto também chorou. Não pela morte dos irmãos, com quem tinha pouco contato, mas por ver o sofrimento da mãe, já idosa, que havia perdido os filhos e tinha o marido doente, sem saber se sobreviveria. Quando eles se acalmaram e dona Lúcia contou a situação do marido, ela se deteve a analisar Ingrid. Depois perguntou:

– Quem é a moça?

– Mãe, eu gostaria de dizer que muita coisa em minha vida mudou. Não apenas deixei de ser pai de santo, como também resolvi refazer minha vida. Está é Ingrid, minha companheira e futura esposa.

Dona Lúcia a abraçou calorosamente, depois a olhou nos olhos e disse:

– Você é uma garota especial e tenho certeza de que fará meu filho feliz.Você não sabe quanto rezei à Nossa Senhora para que ele deixasse aquela vida de feiticeiro e encontrasse alguém especial para compartilhar a vida. Um dia, desesperada, orei com mais fervor e uma brisa me envolveu. Senti-me levitar e uma voz sussurrou ao meu ouvido: "Seu pedido de mãe foi atendido". Não sei de onde veio aquela voz, mas fiquei muito feliz e chorei bastante. Eu aceitava a mesada que Ernesto me mandava, pois a situação em casa não era boa, mas não estava feliz com aquilo. Sentia que aquele dinheiro me fazia mal. Hoje ele está rico, mas, se quer um conselho de mãe, quero que doe tudo o que conseguiu com a magia negra às pessoas carentes.

Ao ouvir aquilo, Ernesto discordou, mas não queria discutir com a mãe naquela hora. Ele jamais ficaria sem sua fortuna tão duramente amealhada.

Logo depois, o médico chegou e, mesmo com o adiantado da hora, Ernesto conseguiu entrar no quarto onde seu Anselmo estava. Seu pai estava dormindo e ele não quis acordá-lo. Por fim conseguiu convencer a mãe a ir para casa descansar, pois no dia seguinte teria de deixar Guararema e enfrentar o enterro dos filhos em São Paulo.

***

Durante o velório e o enterro, todos fixaram a atenção em Ernesto, que estava de mãos dadas com Ingrid. No fundo, queriam saber quem era aquela jovem que havia conquistado o amor do famoso pai de santo. Dona Lúcia chorava conformadamente e, quando tudo terminou, foi para a casa do filho. Embora Ernesto a estivesse tratando muito bem e Ingrid se esforçando para vê-la melhor, ela queria mesmo voltar para sua cidade e acompanhar a evolução do estado de saúde do marido. Ernesto entendeu que naquele momento tinha de deixar tudo e ir com ela. E, quando se viu a sós com Ingrid, pediu:

– Venha comigo. Será difícil enfrentar esses momentos lá sem você.

– Não posso, meu amor. Para acompanhá-lo tive de inventar um monte de desculpas para minha mãe e ela já está bastante desconfiada. Se eu resolver ir com você, não poderei mais fazer isso, terei de falar a verdade.

– Tem razão. Eu vou, mas, quando meu pai melhorar, irei à sua casa e pedirei sua mão em casamento para dona Marisa. Enquanto isso, vá amadurecendo nela e em sua irmã a ideia de que está namorando e pretende se casar.

– Sinto medo. Minha mãe não o aceitará com facilidade.

– Pelo que você conta, ela é uma mulher espiritualizada. Confessarei tudo o que fiz e direi que estou em outro caminho. Serei sincero, sei que ela entenderá.

Ingrid o beijou e partiu. Algum tempo depois, Ernesto estava mais uma vez a caminho de Guararema.

21

O desabrochar do amor

Fazia algum tempo que Alice havia começado a frequentar o centro espírita no qual sua amiga Magali era participante. Depois da separação, ela tinha voltado para casa e já estava trabalhando como secretária na empresa de um amigo de seu pai. Apesar de estar separada do homem amado e ter de aturar as futilidades de sua mãe, sempre à procura de sexo irresponsável, de presenciar as intermináveis brigas entre os pais, ela se sentia feliz e harmonizada. Havia encontrado no espiritismo a força de que precisava para enfrentar seus desafios e vencê-los. A descoberta de que tudo estava sempre certo e de que Deus dirigia o universo com sabedoria e amor, levando-a sempre para o melhor, confortava-a e deixava-a estuante de paz. Sentia-se em segurança, afinal, independentemente do que houvesse, a vida a levaria para a felicidade e a harmonia.

Mãe Márgara havia lhe avisado que a separação seria inevitável, mas com tempo ele retornaria para ela. O feitiço havia sido desfeito, mas Arnaldo, já ao lado de Lucrécia, tinha criado formas de pensamentos que o impediam de tomar a decisão de deixá-la e, assim, o processo seria demorado.

Todavia, Alice, despertando para as verdades da vida, passou a questionar se realmente queria Arnaldo de volta. Não que ela tivesse deixado de amá-lo, mas não estava disposta a conviver com um homem que se culpava por uma separação e que, por isso, ficaria sempre amargurado e propenso ao feitiço. Por isso, entregou sua vida amorosa a Deus. Que Ele fizesse o melhor. As amigas, até mesmo Magali, diziam que ela deveria arranjar alguém, que a solidão não era boa, uma vez que era jovem, bonita e podia conseguir tudo o que quisesse. Alice retrucava e dizia que não se sentia só e que jamais se envolveria com alguém apenas para tapar um vazio que só ela poderia preencher.

Naquela noite, ela estava particularmente feliz. Havia escutado uma linda palestra no centro sobre a força do pensamento positivo e já ia saindo com Magali por uma das portas laterais quando sentiu uma mão apertar de leve seu braço. Virou-se, surpresa, e falou:

– Eduardo? Você por aqui?

– Sim. Há duas semanas encontrei, finalmente, o centro espírita com o qual tenho afinidade. Já tinha visto você, mas nunca tive chance de me aproximar. Como você está?

De repente, um nó surgiu na garganta de Alice. Eduardo era filho de Arnaldo e muito parecido com o pai. Olhar para ele a fez relembrar de tudo que havia vivido. Disfarçou a emoção e respondeu:

– Eu estou muito bem. E você?

– Melhor agora na presença de vocês. Aqui no centro conheço algumas pessoas, mas adoro fazer novas amizades e encontrar velhos conhecidos. A propósito, não vai me apresentar sua amiga?

– Oh, desculpe, que distração a minha. Essa é Magali, a responsável por eu ter conhecido a espiritualidade.

Ambos trocaram beijos no rosto e, já na calçada, Eduardo propôs:

– Está quente hoje, vamos tomar alguma coisa numa confeitaria? Vocês me acompanham?

Alice ia dizer que não. Para ela, sair com o filho de Arnaldo significava, de certa forma, voltar ao passado, forçar algo sem ser a hora. Mas, antes que ela respondesse, Magali aceitou.

– Vocês estão de carro e eu também. Façamos assim: conheço um ótimo lugar, eu vou à frente e vocês me seguem.

Ambas concordaram e, no carro com a amiga, Alice comentou:

– Eu não queria ir. Você nem me deixou responder. Se alguém me vir na companhia de Eduardo pode achar que estou tentando tirar partido de sua amizade para voltar a ser amante do pai dele. Acho que vou desistir.

Magali riu com bom humor.

– Deixe de ser boba. Eduardo é gentil, só quer fazer amizade conosco e conversar. O que tem de mais nisso? Aliás, o que a opinião dos outros importa para você? Não estamos aprendendo que as críticas não servem para nada?

– Não é isso. Coloque-se no meu lugar. Você se sentiria bem saindo com o filho do seu ex-amante?

– Eu encararia como natural. É apenas uma amizade. A maldade está nos olhos de quem vê. Pare com isso. Vamos ser amigas do Eduardo. Se ele procurou um centro espírita, é porque acredita na espiritualidade. Vamos sempre nos ver, quer você queira ou não. Além do mais, ele é lindo. Notou como os olhos dele brilham enquanto fala?

– Sim. Arnaldo gosta demais do filho, vivia falando nele. Contou-me que Eduardo é espírita há muitos anos. Além disso, ele já foi ao nosso apartamento muitas vezes enquanto o pai morava lá. Mas não se anime com a beleza, ele é um solteirão convicto. Gosta de namorar, mas diz que nunca vai levar ninguém a sério.

Magali sorriu.

– Quando ele encontrar a mulher da vida dele tudo isso vai mudar.

– Já sei, você quer ser uma das candidatas.

Magali pareceu falar sem perceber:

– Não. O destino dele é com outra.

– Como você sabe? Virou profetisa agora?

– Não sei, me deu vontade de falar e falei, foi mais por impulso. E quer saber? Vou me candidatar, sim. Você vai ver como vou jogar charme para ele esta noite.

O carro de Eduardo foi estacionado e logo depois o de Alice. Quando todos estavam à mesa, após pedirem um drinque, Eduardo comentou:

– Fico feliz em saber que você está bem mesmo longe de meu pai. O amor de vocês era verdadeiro, fiquei um pouco triste quando acabou.

Magali surpreendeu-se:

– É a primeira vez que vejo um filho de uma mãe traída falar assim para a mulher que foi o pivô do sofrimento da família. Não consigo entender.

Eduardo olhou-a firmemente enquanto dizia:

– Talvez um dia, quando amar de verdade, você compreenda.

– Mas como pode saber? Os comentários são de que você nunca namorou ninguém a sério. Como pode entender do amor?

– Eu entendo porque sinto amor por tudo o que faço, pela vida, pela maravilhosa chance de estar reencarnado para aprender. É certo que até hoje não senti esse "amor paixão" por ninguém em especial, mas sei que ele mora em meu peito. Já vivi muitas encarnações, já amei, fui amado, sofri, fiz sofrer. Como não entender do amor?

Alice interrompeu.

– Muito bonito o que você disse. O meu amor por seu pai foi realmente verdadeiro e ainda é, mas ele fez uma opção. Meu dever é deixá-lo livre.

– Concordo, e você agiu certo. Mas, já que acreditamos em espiritualidade e sinto confiança em vocês, posso afirmar: meu pai se separou de você e está com minha mãe por influência energética. Tentei e ainda tento alertá-lo de todas as maneiras. Mas ele, que sempre me ouviu, dessa vez não quer saber, está completamente fascinado. Creia, Alice, um dia ele ainda voltará para você.

Alice sentiu os olhos se encherem de lágrimas.

– Já que você tocou no assunto, gostaria de dizer que eu e Magali já estamos a par de tudo o que ocorre com seu pai.

Eduardo interessou-se.

– Como assim?

Enquanto tomavam o drinque, ambas contaram como ficaram sabendo do feitiço, da conversa que tiveram com mãe Márgara e de todos os detalhes. Eduardo cada vez mais horrorizava-se com o que ouvia, principalmente com o comportamento de sua mãe, que agia na surdina, com perfídia. Ao final, falou:

– Sinto muito, Alice. Se dependesse de mim, ele não teria feito o que fez. Agora só nos resta orar e esperar. Se você o ama de verdade, saberá aguardar a hora de tudo isso terminar. Nenhuma relação concretizada pelo feitiço vai para a frente. Não é natural, e a vida destrói tudo o que não é natural.

– Sei disso e é o que tenho feito. Confesso que essa doutrina que abracei tem me ajudado muito. As leituras, as palestras têm me deixado forte e com outra visão da vida. Hoje não peço mais a Deus que Arnaldo volte para mim, peço apenas que Ele faça o melhor para minha vida.

Eduardo a encarou profundamente, enquanto ela dizia aquelas palavras, e sentiu o coração descompassar. Seu rosto ficou vermelho e um calor gostoso penetrou o seu corpo. De repente, pareceu que um véu fora arrancado de sua visão: estava diante da mulher de sua vida. Tinha certeza disso. No entanto, dominou a emoção e ela nada percebeu.

– Você tem uma alma nobre, Alice. Gostaria de vê-la outras vezes para que possamos conversar mais. Não só você, como Magali também. Foi muito agradável encontrá-las. Aqui está o cartão com o número do meu celular.

Ele retirou dois cartões pessoais da carteira e os entregou às duas amigas, que retribuíram. Quando se despediram, já passava das onze.

No carro, com Alice, Magali estava calada e pensativa. Será que deveria dizer o que tinha percebido à amiga? O carro parou em frente à sua casa e Alice perguntou:

– Você ficou calada de repente, o que aconteceu?

– Nossa! Você me conhece mesmo, hein!

– Claro! Conte logo o que houve.

Magali era o tipo de pessoa que não sabia ocultar segredos. Se tinha um plano, um sonho, um desejo, se algo bom lhe acontecia, ela logo contava para todo mundo. Sua mãe, Margarida, dizia que não era bom contar nossos planos para os outros, pois sempre dá errado, mas com Magali esse conselho não funcionava. Ela era uma boca-aberta, por isso logo estava contando à amiga:

– Não sei se deveria falar, pois posso estar enganada e fazer confusão em sua cabeça.

– Estou ficando curiosa. Pare com isso. O que aconteceu?

– Como eu lhe falei, fiquei jogando charme para o Eduardo o tempo inteiro, enquanto estávamos no bar. Cheguei a encará-lo várias vezes. Ele percebia, mas não retribuía. Continuei insistente e, com isso, fiquei observando-o. Em um momento, no fim da conversa, o olhar dele mudou quando a encarou. Senti muito amor nos olhos dele enquanto a fitava. Por mais que tentasse disfarçar, percebi que seu rosto ficou vermelho e que ele chegou mesmo a tremer enquanto pegava o copo. Sinto que nesta noite ele se apaixonou por você.

Alice começou a ficar nervosa. Magali não era dada a brincadeiras.

– Pare com isso, você só pode estar enganada. Eu não percebi nada disso.

– Porque estava desatenta, falando do Arnaldo. Mas eu, que estava de olho nele, vi tudo.

– Isso não pode acontecer...

– Mas aconteceu. Algo me diz que Eduardo é o homem de sua vida!

– Não brinque, Magali. Que coisa! O homem de minha vida é o Arnaldo. Você sempre soube que só gosto de homens mais velhos, e o único que amei foi ele.

– A vida tem seus mistérios, amiga. Você verá se o que estou lhe falando não é verdade.

– Se for, agora me afastarei dele o máximo que puder. Não lhe darei nenhuma esperança.

Magali foi enfática:

– Não faça isso ou poderá perder sua chance de felicidade. Você não tem pedido a Deus que faça o melhor em sua vida?

– Sim.

– Então? Não jogue fora esta chance. Se for mesmo verdade o que senti hoje, a vida os unirá, será inevitável!

Alice parecia estar vivendo uma irrealidade.

– Isso não pode acontecer. Seria ridículo de minha parte se, de uma hora para outra, passasse de pai para filho.

– De novo pensando nas convenções e regras da sociedade. Precisa parar com isso. A sociedade não a fará feliz, só você pode fazer isso.

As duas continuaram conversando, enquanto espíritos amigos as enlaçavam. Mais tarde, quando chegou em casa, Alice orou e meditou. Nada sentia por Eduardo, mas confiava na intuição da amiga. Por fim, mais uma vez entregou a vida a Deus, deitou e dormiu.

***

Eduardo chegou em casa e a encontrou às escuras. Sentiu um alívio, pois queria ficar sozinho, deitado no sofá sob a fraca luz do abajur. A mansão se tornara negativa e tumultuada ultimamente. Apesar de morarem juntos, Arnaldo e Lucrécia só viviam brigando e trocando agressões verbais na frente de todos. Arlete, após a morte do marido, passou a morar com eles, mas vivia chorando pelos cantos e se queixando, pois nunca havia conseguido ter filhos, não queria trabalhar e sentia-se só e abandonada pela vida. Aquela hora de silêncio veio bem a calhar para suas reflexões íntimas. Ele se perguntava como tinha estado tantas vezes com Alice e não percebera que a amava. Sim, tinha certeza desse sentimento. Foi de repente, mas o suficiente para saber que ele a queria para companheira pelo resto da vida.

Pensou no pai. Não importava se ele a amava ou não, iria lutar por sua felicidade. Havia aprendido que não podia deixar de ser feliz por causa dos outros, que sua felicidade tinha de ser prioritária. Além do mais, Arnaldo a havia abandonado. Nada mais justo do que Alice encontrar outro companheiro. Pensou na mãe, que iria odiar aquela união. Vivia desejando uma nora que nunca teve, netos que a fizessem mais feliz, mas jamais aceitaria que ele se casasse com Alice, aquela que um dia quase destruíra seu lar. Mas nada disso importava para ele. Com o dinheiro que tinha poderia comprar uma bela casa ou apartamento, casar com ou sem autorização dos pais e viver para sempre com sua escolhida.

Eduardo se conhecia muito bem e sabia que podia conquistar Alice. Se a vida despertara nele esse amor, era porque também poderia vivê-lo. Decidido, subiu as escadas e foi deitar-se. Enquanto se ajeitava nos lençóis, pensou que ela poderia rejeitá-lo. Se isso acontecesse, respeitaria seu livre-arbítrio, sabia que seu pai um dia voltaria a procurá-la e que ela poderia voltar para ele. Mesmo assim, iria lutar até o fim por seu amor. Eduardo acreditava que nenhum amor nascia para ser platônico e que, se a vida o despertava, era porque poderia ser vivido. Com esse pensamento, fez uma prece e adormeceu.

O espírito de Eduardo se desprendeu do corpo e começou a caminhar por uma estrada de grama molhada pelo orvalho da noite. De repente, envolta em um clarão, surgiu Alice. Ambos se olharam e ela disse:

– Meu amor, sabemos que insondáveis são os caminhos de Deus. Foi necessário esse tempo de separação para que aprendêssemos com outras experiências. No entanto, agora é hora de estarmos mais uma vez unidos para ajudar na implantação da Nova Era. Mas você sabe que ainda tenho uma missão com seu pai, por isso serei resistente, todavia acredito no seu amor e sei que ele será forte e aguentará até o fim.

Eles se deram as mãos e Eduardo falou:

– Sei sim, querida. Minha alma esperava pela sua, mas não podia saber da verdade antes do momento previsto. Só esta noite Deus me permitiu essa ventura. Serei paciente e lutarei até o fim. Sempre a amarei.

Ambos se deitaram na grama e entregaram-se ao amor que sentiam um pelo outro. O céu, pontilhado de estrelas, abençoou aquela união.

22

O acidente

Pilantra! Sem-vergonha! Como teve coragem de fazer isso comigo? – gritava Lucrécia fora de si para Arnaldo, enquanto lhe atirava todos os objetos da sala que via pela frente.

Arnaldo tentava se desviar, enquanto dizia:

– Você que é insegura, insuportável. Não sei como fiz a loucura de voltar para você, foi o maior erro que cometi na vida.

Lucrécia sentiu aumentar sua fúria.

– Então você paquera abertamente a filha da Zélia na minha frente e eu é que sou insuportável? – atirou-lhe um bibelô.

O objeto pontiagudo acabou por acertar em cheio a testa de Arnaldo, que, sangrando e sem se controlar, partiu para cima da mulher e começou a esbofeteá-la. Com os gritos da mãe, Arlete, que estava no quarto, veio correndo e conseguiu evitar o pior.

– Meu Deus! O que houve?

Lucrécia dizia, rangendo os dentes:

– Fomos ao clube, como todos os domingos, e seu pai, como sempre, flertou abertamente, mas desta vez com a filha de minha melhor amiga. A garota nem estava a fim, mas ele insistiu com olhares, e vi até quando deu uma piscadela. Você acha que uma mulher digna como eu pode suportar uma humilhação dessas?

Antes que Arlete dissesse algo, Arnaldo falou convicto:

– Quem não suporta mais sou eu. Aliás, nunca a suportei, só poderia estar maluco quando resolvi deixar Alice e retornar para esta casa. Até compreendo que eu estava feliz com a volta de meu filho, queria ficar mais tempo com ele e tudo isso me influenciou, mas agora chega! Estou saindo desta casa e, dessa vez, para sempre.

Lucrécia soltou-se dos braços da filha e ajoelhou-se aos pés do marido:

– Por favor, não faça isso! Eu não vou aguentar outra separação. Prometo me controlar, ser mais cordata. Perdoe-me.

– Você sempre diz a mesma coisa desde que nos casamos, mas é escândalo após escândalo desde que voltamos. Parece que nesta noite uma névoa foi arrancada de minha visão. O que estou fazendo aqui? Meu lugar é em meu apartamento com minha Alice.

Lucrécia gargalhou.

– Acha mesmo que ela vai aceitar você de volta? Se sair desta casa ficará tão sozinho quanto eu. Alice é esperta, não vai arriscar voltar para um homem inseguro como você, que não sabe o que quer.

– Mesmo que fique só, ficarei melhor do que aqui com você.

Arnaldo saiu, depois retornou dizendo:

– Amanhã mandarei buscar meus pertences.

Quando ele bateu a porta, Arlete conduziu a mãe até o sofá e tentou consolá-la. Mas Lucrécia estava fora de si.

– Ele não pode fazer isso comigo. Não pode! Vamos atrás dele. Não estou em condições de dirigir, você guia e segue o carro até onde ele for. Tenho certeza de que não vai para o Morumbi, deve se hospedar em algum hotel.

– Mas, mãe, não vê que é inútil? Tudo o que a senhora fizer não o trará de volta, só vai se humilhar ainda mais.

Lucrécia vociferou:

– Você não sabe o que diz. Ande, vamos para o carro!

Vendo que a mãe estava obstinada, Arlete obedeceu. Como tudo foi muito rápido, ainda conseguiram divisar o carro de Arnaldo, que acabava de entrar na avenida São João. Lucrécia chorava e dizia impropérios. Arlete também não estava bem, fazia dias que não se alimentava direito. Depois da morte do marido, entrara em profunda depressão e não via mais motivos para viver. Estava frequentando um psiquiatra, usando medicação forte e nem poderia estar dirigindo. De repente, por conta do efeito colateral da medicação, Arlete perdeu a concentração e o carro saiu da pista com velocidade, capotando três vezes. O corpo de Lucrécia foi atirado a metros de distância, enquanto Arlete ficou presa entre as ferragens. Quando o socorro chegou, elas foram levadas a um hospital e atendidas em emergência. Lucrécia acordou instantes depois e percebeu que sofrera um pequeno arranhão. Estava numa cama e sentiu o nervosismo aumentar ao recordar o que acontecera. Como estaria Arlete? Havia morrido?

Minutos depois, um médico veio vê-la.

– Senhora, preciso que venha conosco fazer alguns exames. Aparentemente está bem, teve apenas um pequeno corte no supercílio. Verificamos seus documentos e sua família já foi avisada. Contudo, é imperioso que façamos todos os exames para confirmarmos seu real estado.

Mesmo com receio, ela perguntou:

– E minha filha? Ela morreu?

– Não. Felizmente estava com o cinto de segurança, o que a prendeu no veículo. Mas bateu fortemente a cabeça e está em estado de coma. A coluna sofreu uma pequena fratura e não sabemos se poderá andar.

Lucrécia, horrorizada, começou a chorar. De repente, lembrou-se que pai Ernesto dissera que a amante de Bruno, para o qual sua filha havia encomendado o feitiço, estava em uma UTI. A vida estava castigando Arlete. Que horror! Lucrécia chorou muito e, naquele momento, arrependeu-se amargamente por ter se envolvido com o feitiço. O que aconteceria com ela? O fato de Arnaldo tê-la deixado novamente não seria também um castigo por ela ter se envolvido com as forças do mal? Ou será que viriam mais coisas por aí? Apavorada, ela desmaiou. O médico pediu que a enfermeira aplicasse um sedativo leve, pois certamente o desmaio fora em razão de a mãe saber a real situação da filha.

Quando Eduardo e Arnaldo chegaram ao hospital, já encontraram Lucrécia acordada e bem. Os exames nada acusaram, ela estava em perfeito estado. Olhando para o ex-marido e o filho, não conseguiu conter o pranto. O que seria dela naquele momento?

***

No mesmo dia, Lucrécia saiu do hospital e foi para casa, não sem antes certificar-se mais uma vez do grave estado da filha. Sentados na sala de estar, ela, Eduardo e Arnaldo estavam calados. Ninguém parecia querer comentar o ocorrido. Por fim, Lucrécia quebrou o silêncio.

– Sei que a culpa foi inteiramente minha. Se as suspeitas médicas se confirmarem e Arlete ficar paralítica, jamais me perdoarei.

Fez uma pequena pausa, olhou profundamente para Arnaldo e continuou:

– Quero que saiba que, a partir de hoje, está inteiramente livre para fazer o que desejar de sua vida. Reconheço que estava desequilibrada quando fiz tudo aquilo, mas escapei da morte e praticamente nasci outra vez, e ninguém permanece o mesmo depois de um fato como esse. Chegou a hora de revelar a verdade.

Tanto Arnaldo quanto Eduardo não sabiam a que verdade ela se referia. Ficaram curiosos, mas não interromperam. Lucrécia, fixando o olhar num ponto indefinido, começou a narrar:

– Eu estava me sentindo muito sozinha, desamparada e abandonada nesta casa imensa, sem meu marido e meus filhos. Não sentia ânimo para sair nem para fazer as coisas das quais gostava. Da janela do meu quarto ficava observando o jardim e a piscina, recordando os momentos bons que passei com todos vocês. Aos domingos, minha tristeza aumentava, lembrava os passeios de fim de semana, enfim, toda a minha vida passada voltava mais forte na solidão dos domingos. Acho mesmo que estava iniciando uma depressão quando Arlete entrou por aquela porta e me mostrou um caminho que, ilusoriamente, pensei ser a salvação da minha vida.

Ninguém ousava interromper. Eduardo sentia que algo grave seria revelado. Ela continuou:

– Minha filha havia escutado falar de um pai de santo muito famoso daqui de São Paulo, que possuía um grande terreiro na Vila Maria. Ela estava no Rio quando ficou sabendo dos poderes desse homem, que atendia até mesmo pessoas muito famosas. Arlete era ciumenta e o Bruno nunca facilitava. Na época, ela suspeitava de que ele mantinha um romance com uma colega de trabalho e queria a ajuda desse feiticeiro para acabar com o romance e prender o marido aos pés dela. A princípio duvidei que isso pudesse acontecer, mas durante a consulta ele mandou um recado pra mim por intermédio dela deixando claro que possuía poderes de vidência e poderia me ajudar.

No outro dia fui procurá-lo. Depois de me dizer tudo o que eu precisava fazer, encomendei um trabalho de magia negra para separá-lo de Alice e trazê-lo de volta para mim. O que de fato aconteceu. Você não veio para mim naturalmente, forças ocultas trabalharam para isso.

Arnaldo parecia não acreditar no que estava ouvindo. De repente, lembrou do desmaio, das crises de mal-estar, das brigas com Alice, da separação e de sua atração irresistível pela ex-mulher. Será que o filho tinha razão? O mundo astral realmente existia e interferia no físico? Enquanto ele pensava, Lucrécia não parava o desabafo.

– Sei que estou sendo castigada e Arlete também. Este acidente não foi à toa. Pai Ernesto, esse é o nome dele, para afastar a amante de Bruno, fez com que a pobre moça sofresse uma queda e ficasse em estado de coma no CTI. Arlete está passando pelo mesmo que fez indiretamente a outra passar. Mais uma vez Arnaldo me deixou e vou continuar solitária. No fim, tudo deu errado e posso sofrer ainda mais. Não sei o que essas forças do além vão fazer para cobrar de mim esse erro – começou a chorar baixinho.

Mal sabia Lucrécia que, no Rio de Janeiro, naquele exato momento, Diva despertava do coma sem nenhuma sequela.

Eduardo, no íntimo, já sabia tudo o que estava acontecendo, mas não julgava que a mãe fosse capaz de tal ato. Arnaldo fez menção de discutir com ela, mas, a um sinal do filho, parou e voltou a se sentar. Eduardo foi ter com a mãe e a abraçou.

Percebeu que Lucrécia estava apavorada e até tremia. Quando ela se acalmou, ele tentou ajudar.

– A senhora e Arlete erraram muito. Todas as pessoas que encomendam trabalhos de magia ficam comprometidas com entidades do astral inferior, que certamente cobrarão pelo que fizeram. Se não for nesta vida, será em outras ou no plano espiritual. Arlete está tendo o retorno da ação que indiretamente praticou e a senhora, com o fim da relação com papai, também pagou o seu preço. Agora que melhorou mentalmente, reconheceu o erro e se arrependeu, tudo ficará mais fácil. É hora de a senhora mudar de vida, deixar a queixa de lado e procurar reconstruir-se, ser feliz. Lembra-se de que falei isso quando cheguei aqui?

– Lembro, sim. Mas é que não aguento a solidão. Mais dia, menos dia, você acabará se casando ou saindo de casa. Arlete, se ficar paralítica, vai se tornar cada vez mais amargurada e não me servirá de companhia. Mas, se conseguir se recuperar, também se casará novamente, pois é jovem, tem a vida pela frente para ser feliz. E eu? Continuarei nesta casa grande e solitária. Não tenho coragem nem sinto vontade de procurar outro marido.

Eduardo olhou sério para ela, enquanto dizia:

– A felicidade não está somente em um casamento ou em uma vivência a dois, e a solidão independe de a pessoa estar acompanhada ou não. Se não quer um companheiro, não é obrigada a tê-lo, mas é possível ser feliz de diversas maneiras. Acontece que durante esses anos a senhora sufocou sua naturalidade, sua espontaneidade em nome do casamento e dos papéis sociais. Perdeu a identidade, não sabe mais do que gosta nem o que a faz feliz. Acredita que só pendurada em um homem é que poderá estar completa. É preciso descobrir que a vida tem muito a oferecer e preencher os vazios com novas oportunidades de progresso ilimitadas a todo o instante. Temos de estar atentos aos sinais que ela nos manda para sermos felizes hoje, no momento presente. Papai vai seguir a vida dele e trate a senhora de seguir a sua. Procure fazer o que gosta, estar com quem deseja, fazer algo que deixou de lado quando se casou. Caso não faça isso, entrará em depressão e viverá dependente de remédios durante toda a vida. É isso o que quer?

Ela pareceu melhorar, enxugou as lágrimas e falou:

– Como sempre você está certo. Só agora posso entender por que seu pai é tão apaixonado por você. Mas o que vou fazer se Arlete ficar paralítica? Foi culpa minha, não devia tê-la feito entrar naquele carro para seguir Arnaldo.

– Não foi culpa de ninguém. Foi uma reação natural da vida para fazer Arlete despertar a consciência. Ninguém escapa da colheita de sua semeadura. O mal tem um preço alto e costuma voltar multiplicado para aquele que o pratica. Mesmo quando o fazemos indiretamente, estamos sujeitos à reparação que fatalmente chegará. O acidente ocorreria com ela mesmo se a senhora não tivesse feito nada. A lei divina nos alcança onde quer que estejamos, e ninguém pode fugir de suas consequências.

– Mesmo que a pessoa se modifique?

– Para que isso ocorra é preciso um trabalho interior incessante que ninguém quer fazer. Ao praticarmos uma ação, emitimos energias para o universo, que tem um ciclo próprio, onde, findo o tempo, voltará a quem a praticou. O efeito é assimilado pela conduta moral e mental que o indivíduo terá quando ocorrer o retorno. Infelizmente, entre o tempo de uma ação e sua reação correspondente a pessoa geralmente não se modifica, permanece a mesma ou cometendo atos piores, então sofrerá para que possa aprender a disciplinar a mente, acreditar no bem e trabalhar na própria redenção.

Lucrécia parecia haver entendido. Ficou calada meditando, pensando em como Deus agia. Arnaldo finalmente se pronunciou:

– Acredito que todos nós tivemos nossa parcela de responsabilidade. Fui alertado por Eduardo sobre o que estava acontecendo. Claro que ele não sabia sobre o feitiço, mas disse que meu problema era espiritual, que eu tinha sido atingido porque cultivava a culpa. Na época, apesar de encontrar lógica, não levei a sério. Quero que saiba que a perdoo pelo que fez, pois agora sei que, se tivesse agido com meu coração e me livrado da culpa, não teria rompido com a mulher que realmente amo e voltado para cá.

Lucrécia olhou para ele e abraçou-o, emocionada, perguntando:

– Amigos?

– Amigos.

Apesar do acidente e do clima ruim que envolvia a casa, naquele instante a força do perdão trouxe novas energias e todos se sentiram muito bem. Eduardo ficou um pouco triste, pois sabia que o pai procuraria Alice e ela certamente voltaria para ele. Contudo, resolveu se antecipar e se declarar para ela. Não custava tentar. Não sentia culpa por estar competindo com o pai, afinal o amor era livre e cada um tinha o direito de escolher. Sabia que, se Alice o aceitasse como namorado, seu pai sofreria muito e talvez não o perdoasse, mas seria o livre-arbítrio dela que iria ditar a escolha.

Quando Arnaldo se foi, Eduardo e a mãe se recolheram, não sem antes fazer uma prece a Deus e aos espíritos amigos pela saúde de Arlete.

23

A declaração de Eduardo

No outro dia pela manhã, antes mesmo de descer para o café e ir ao hospital ver Arlete, Eduardo ligou para Alice, deixando-a a par de tudo o que havia acontecido e convidando-a para sair com ele à tarde.

– Infelizmente, não posso. Só saio do trabalho às seis. Tem algo mais a me contar?

– Tenho, sim. Quero lhe dizer algo muito importante. Meu pai vai querer voltar para você e é provável que a procure ainda hoje. Mas, em nome de nossa amizade, peço que se negue a conversar com ele, pelo menos antes de nos encontrarmos.

Alice não estava entendendo nada.

– Por que isso? O que está acontecendo?

– Você saberá no momento certo. Dê-me o endereço de seu trabalho, passarei aí às seis para que possamos conversar.

– Tudo bem. Farei o que me pede.

Eduardo anotou o endereço e desceu para o café. Alice ficou pensativa e não conseguia imaginar o que o filho de Arnaldo iria lhe dizer de tão importante. Ela se esquecera completamente do que Magali havia dito sobre o rapaz e, por mais que pensasse, não conseguia imaginar o que ele queria com ela. Será que Arnaldo estava doente? A esse pensamento, sentiu o coração descompassar. Amava aquele homem com todas as forças de seu coração. Se ele fosse procurá-la, como Eduardo dissera, certamente retomaria o romance. Afinal, o trabalho de magia havia sido descoberto e desfeito, e Arnaldo merecia uma nova chance. Tentou se concentrar no trabalho, e só com muito esforço conseguiu.

No hospital, Lucrécia estava muito triste. Arlete continuava na mesma. Não acordava do coma e não havia possibilidade de saber, no momento, se ela voltaria a andar. Eduardo a consolou mais uma vez e depois de algum tempo voltaram para casa.

As horas passaram rápido, e às seis em ponto Eduardo, em seu carro, já esperava por Alice. Assim que ela entrou no veículo, percebeu que ele estava mais lindo do que de costume. Havia se arrumado com esmero e trazia nas mãos um buquê de rosas vermelhas. Quando o entregou a ela, Alice rememorou tudo o que Magali havia dito sobre o suposto interesse afetivo dele e começou a achar que a amiga tinha razão. Se fosse verdade, o que diria a Eduardo? Ele era o homem perfeito, aquele que toda mulher sonha encontrar, mas ela amava justamente o pai dele.

Fingindo achar normal receber um presente daqueles, ela simplesmente sorriu e logo depois rumaram para uma elegante confeitaria. Eduardo tentou ser natural o tempo inteiro, mas Alice percebia os olhares apaixonados, as frases ditas com segundas intenções, mas apenas sorria e respondia naturalmente.

Após algum tempo juntos, enquanto bebiam e conversavam amenidades, ela foi direto ao ponto, mesmo já sabendo o que ele iria dizer.

– Você me trouxe aqui para um assunto sério e até pediu para que não conversasse com seu pai antes, e foi o que fiz.

Pouco depois, Arnaldo também me ligou pedindo para conversar e marquei com ele às nove. Sinto muito, Eduardo, mas não posso demorar aqui. Além do mais, este lugar é elegante e não vim com roupa adequada. Você está parecendo um príncipe e eu, uma plebeia.

Ambos riram. Eduardo olhou-a profundamente, pegou suas mãos e Alice sentiu o coração descompassar. Por que sentira aquilo? Devia ser por estar com um homem bonito, envolvente e muito sensual à sua frente.

Ele começou a falar:

– Nunca fui bom em cantadas. Até perdi a chance de namorar muitas meninas interessantes na adolescência porque sempre fui muito direto. Com você não será diferente. Naquela noite, quando saímos, percebi que a amava.

Ela gelou e retirou delicadamente suas mãos das dele.

– Eu nunca amei ninguém de verdade. Talvez, por isso, sempre curti um bom namoro, mas, quando o relacionamento ia ficando sério, eu terminava. Talvez tenha frustrado muitas mulheres, mas sempre gostei de ser sincero. Nunca quis nada sério com ninguém... até aquela noite. Olhando em seus olhos, senti como se um véu me fosse arrancado e, de repente, estava diante da mulher que sempre amei, desde muito tempo, quem sabe de muitas vidas. Aceita namorar comigo? Eu a farei a mulher mais feliz do mundo.

Alice não conseguia acreditar no que ouvia. Mas era verdade, Eduardo a amava. Podia sentir em seus olhos francos e brilhantes de emoção. Como ele era lindo! Mas ela precisava ser forte. Tinha certeza de que amava Arnaldo, por isso olhou firme nos olhos dele e respondeu:

– Infelizmente, não posso aceitar. Sei que é uma pessoa especial. Talvez um desses iluminados de que a gente ouve falar no espiritismo, mas eu amo seu pai. Sei que ele deseja voltar para mim e é o que farei hoje. Sinto-me honrada em saber que um homem como você está entregando a mim o seu amor, mas preciso ser sincera com você e comigo. Espero que entenda e que possamos ser mais amigos do que nunca de agora em diante.

Eduardo sentiu um nó na garganta. Esperava aquela resposta, mas no íntimo ainda tinha alguma esperança. Quando ela terminou de falar, ele, dominado pela emoção, expressou-se:

– Seremos amigos, mas eu nunca vou te esquecer. O amor verdadeiro não se acaba, mas antes de tudo sabe respeitar a liberdade do ser amado. Serei feliz sabendo que você estará também feliz ao lado de meu pai. Quero que saiba que meu coração lhe pertence hoje e pertencerá para sempre.

Alice estava emocionada. Ficaram em silêncio. Os dois não conseguiam falar mais nada. Pediram a conta e, durante o trajeto de volta, ela não conteve a pergunta curiosa:

– Como você teve coragem de fazer essa proposta, mesmo sabendo que seu pai me ama e reataria a relação comigo? Não sente a consciência doer? E se eu aceitasse?

– Minha consciência está tranquila, não fiz nada de errado. No amor, todos são livres e ninguém tem posse sobre outra pessoa. Errado estaria se tivesse deixado de lutar por seu amor com medo das regras sociais e de relacionamentos que as pessoas criaram e que não são verdadeiros. Desde quando seguir o real desejo do coração é errado?

– Mas seu pai iria sofrer, e a culpa seria sua.

– Engano seu. Ninguém tem o poder de fazer os outros sofrer. As pessoas se magoam e se ferem com o que nós fazemos porque são vulneráveis. Tenho certeza de que chegará o dia em que as pessoas descobrirão que só elas têm o poder sobre suas vidas. Só então deixarão de culpar os outros por seus problemas.

Alice percebeu, mais uma vez, quanto Eduardo era evoluído e especial. Deu um beijo em seu rosto, agradeceu por tudo e entrou em casa. No carro parado, Eduardo pensava: "Meu amor, sei que um dia será minha, serei paciente. O tempo faz tudo na hora certa. Guardarei a lembrança deste beijo e serei feliz por esse momento".

Eduardo estava orgulhoso de si mesmo. Havia tido a coragem de expressar seus sentimentos. Quantas pessoas sofriam por ter medo de mostrar o que sentiam pelas outras? Muitas, certamente. Preferiam cultivar a infelicidade a ser leais a si mesmas e a suas almas. Ele preferia pagar o preço verdadeiro.

Horas mais tarde, Alice finalmente dizia um novo sim a Arnaldo e juntos se entregavam ao amor. Todavia, dentro do coração dela algo começou a mudar, e ela jamais seria a mesma.

24

A confissão de Ernesto

Felizmente, após um longo período hospitalizado, Anselmo recuperou a saúde, com o auxílio da esposa e de Ernesto, regressou ao lar. O incidente o deixou com pequenas sequelas, que com o tempo e alguns exercícios iriam desaparecer. Durante as quatro semanas em que permanecera em Guararema, Ernesto manteve contato com Ingrid por telefone, que o avisara já ter dito à mãe que havia se enamorado por um homem mais velho e que, em breve, seria apresentado à família. Dona Marisa, Vanessa e até mesmo Diego ficaram bastante curiosos para conhecer a pessoa que finalmente tocara de maneira profunda o coração de Ingrid. Todavia, ela não havia revelado sua identidade. Eles o conheceriam em um jantar especial que seria realizado assim que o pai de Ernesto melhorasse e ele pudesse regressar.

Estava compenetrado nesses pensamentos quando foi chamado à realidade por dona Lúcia:

– Aceita um café? Acabei de passar.

– Aceito, sim. Está frio e uma bebida quente vem em boa hora.

Após servir o filho, dona Lúcia perguntou:

– No que estava pensando agora há pouco? Achei seu semblante um tanto quanto preocupado.

Ele resolveu se abrir com a mãe.

– Pensava em qual será a reação da família de Ingrid quando souber quem sou. Vou conhecê-los amanhã à noite, temo ser mal recebido. Fiz fama como feiticeiro pai de santo que trabalhou para o mal. A mãe de Ingrid é esotérica, entende de magia, mas nunca aceitou a bruxaria, o lado negro desses processos, condena tenazmente quem trabalha com eles. Hoje estou distante de tudo isso, ganhei muito dinheiro, o suficiente para viver bem pelo resto da vida. Confesso que abandonei essas práticas somente por Ingrid e que, no fundo, não estou arrependido de nada do que fiz. Temo que a mãe dela perceba e dificulte as coisas.

Dona Lúcia olhou séria para o filho e disse:

– Fiquei muito preocupada com você desde o dia em que decidiu seguir este caminho. Sou de formação católica, mas não posso fechar os olhos à vida espiritual e aos fenômenos que acontecem com quase todas as pessoas, independentemente da religião que professem. Sempre soube que esse não era um bom caminho. Sentia uma sensação estranha toda vez que gastava o dinheiro que você nos mandava mensalmente, e ainda sinto. Rezei todos os dias a Maria pela sua mudança, mas vejo que saiu do caminho errado não por perceber que fazia o mal, mas por uma mulher. Temo que lhe possa acontecer algo ruim.

Ernesto meneou a cabeça negativamente.

– Não vai me acontecer nada. A princípio pensei que fosse até morrer, mas já se passaram meses e continuo ótimo, amando, sendo amado e feliz. Os espíritos disseram que algo terrível me estava reservado, mas não acredito mais nisso. Sabe, mãe, estudei com pai Wilton tudo sobre magia negra e sei o que poderia acontecer com uma pessoa que faz um pacto e o rompe, nenhuma fica viva para contar a história. Se nada me aconteceu até hoje, é porque eles desistiram de mim. Estou seguro quanto a isso.

– Sei não. Enquanto você falava, senti um arrepio e a impressão de ouvir gargalhadas. Meu filho, ouça sua velha mãe! Arrependa-se enquanto é tempo. Nunca é tarde para se voltar ao bem. Lembra-se da parábola do filho pródigo que Jesus nos contou?

Ele assentiu, lembrando que havia lido muito as parábolas de Jesus quando foi espírita.

Ela continuou:

– Pois bem, nunca é tarde para voltarmos à casa do Pai, que nunca nos deixa de lado. Tenho certeza de que sua fortuna não é bem-vista por Ele. Entregue tudo a entidades beneficentes e volte a trabalhar com honestidade. Você é forte, jovem e pode viver com dignidade.

Ernesto sentia que sua mãe tinha razão, mas não conseguia se ver sem seu dinheiro, tendo de trabalhar duro para conseguir um salário mísero. Como iria dar o luxo que pretendia a Ingrid? É certo que ainda morava na mesma casa simples que vivera com Mariana, na qual havia feito apenas algumas reformas, mas pretendia comprar uma mansão ou um apartamento de luxo. Não! Não poderia ficar sem seu dinheiro. Resolveu encerrar a conversa, antes que sua mãe disparasse a falar tentando confundi-lo.

– Prometo pensar em suas palavras. Mas me diga, onde papai está agora?

– No quarto dormindo. Fiz com que tomasse um calmante, por isso adormeceu. Apesar de ter se recuperado do físico, a alma dele está doente. Não aceita que Bruno e Elza tenham morrido sem que tivessem feito as pazes. Vive lamentando o tempo que perdeu com o orgulho, sem querer procurar os filhos, fingindo que eles não existiam.

– Entendo. Eu não consigo sentir nada com a morte daqueles dois. Parece que são desconhecidos que morreram, como tantos morrem todos os dias.

–Você diz isso porque, depois que eles partiram, não tiveram mais contato, além disso, nunca teve afinidade com eles, mesmo na infância. Já eu, que sou mãe, sofri muito com o distanciamento e a morte, mas sei superar. Deus é o mesmo que dá, é o mesmo que tira e é o mesmo que consola.

Ernesto olhava cada vez mais admirado para a mãe, uma mulher sábia.

– E por que a senhora não os procurou?

– Não queria contendas com seu pai. Quando ele disse que Bruno e Elza não eram mais filhos dele, proibiu-me de procurar e manter qualquer contato. Confesso que fui fraca e submissa, mas não me culpo, fiz o que achei melhor no momento. Hoje rezo para que eles estejam bem onde estiverem.

Ernesto notou que a mãe chorava baixinho. Ele a abraçou e assim ficaram até o entardecer. Pela manhã, partiu para São Paulo. Seu Anselmo ficou muito feliz ao saber que o filho rumava para uma nova vida e uma nova relação afetiva.

O jantar simples, porém caprichado, estava pronto e à espera do convidado especial da noite. Vanessa e Diego contrataram uma babá para cuidar dos filhos, porque não queriam levar crianças para uma ocasião como aquela. Todos estavam muito contentes e Ingrid ainda mais, por observar que Diego já lhe havia perdoado a loucura, pois voltara a conversar com ela normalmente e parecia aliviado em vê-la amando outro homem de verdade.

Dona Marisa nem parecia a mesma senhora que vivia em meio aos tecidos e linhas da profissão de costureira. Trajava um costume verde-claro que havia feito há tempos para uma ocasião como aquela, e finalmente chegara o dia de usar. Quando a campainha soou e Ingrid foi atender, a ansiedade de todos havia aumentado, afinal, até a última hora ela havia feito segredo sobre a identidade do amado.

Ernesto entrou na sala muito bem vestido e com um buquê de flores nas mãos. Após cumprimentar todos com elegância e discrição, dirigiu-se a Ingrid para lhe entregar o presente, quando ouviu a voz alta de Marisa:

– Pare onde está. Dê meia-volta e saia de minha casa agora.

Tanto Diego quanto Vanessa nada entenderam daquela reação agressiva. Marisa continuava, enquanto Ernesto se mantinha parado.

– Não ouviu o que ordenei? Saia já daqui, o jantar está desfeito e você jamais voltará a ver minha filha. Saia!

– Calma, senhora! – disse Ernesto, já esperando aquela reação. – Precisamos conversar, preciso esclarecer coisas que talvez a senhora não saiba.

Ela parecia não ouvir e, aproximando-se de Ingrid com os olhos cheios de lágrimas, colocou:

– Então é com este homem que você tem saído? Responda-me. Onde está sua cabeça? Por acaso perdeu o juízo?

– Mamãe, tente entender, aconteceu. Estou gostando de Ernesto e é com ele que me casarei e terei meus filhos, quer a senhora aprove ou não.

Dona Marisa sentou-se na poltrona mais próxima e começou a chorar. O que fazer em uma situação como aquela? Jamais poderia entregar sua filha nas mãos de um homem da espécie de Ernesto.

Vanessa percebeu que algo sério estava acontecendo e perguntou:

– O que há aqui? Por acaso Ernesto é casado? Para mim, esse é o único impedimento plausível para Ingrid ser proibida de continuar essa relação. Conte, mamãe, já estou ficando aflita.

– Este homem não é simplesmente Ernesto. É pai Ernesto, um feiticeiro perigoso que já fez muito mal para as pessoas. Por certo enfeitiçou minha filha. Ela é jovem, sonhadora, tencionava estudar e prestar vestibular. Agora vem com essa de casar e logo com um homem desse tipo. Com certeza está enfeitiçada. Amanhã mesmo a levarei a uma amiga, ela desfará esse trabalho e você verá que não sente nada por esse sujeito.

Ernesto jamais pensou que a magia um dia poderia influir negativamente em sua vida. Pensou em se defender, mas Vanessa começou a crivá-lo de perguntas.

– Isso é verdade? Vamos, diga! O que pretende com minha irmã?

– É verdade. Pretendo ser honesto com todos vocês. Posso me sentar para tentar explicar? Afinal, tenho esse direito.

Vanessa aquiesceu.

Sim. Quero saber tudo o que aconteceu entre você e minha irmã. Pelo que sei de magia, ela pode muito bem estar enfeitiçada. Se você fez algo do tipo, fale agora. Nós lhe daremos esta chance de se pronunciar, mas depois quero que se retire daqui. Eu mesma cuidarei para que minha irmã o esqueça.

Marisa gritou entre dentes:

–Vocês ainda conversam com um homem desses? Ele é perigoso, com um olhar pode amaldiçoar esta casa e qualquer um de nós. Mande-o embora, Diego, você que é o único homem representante da família. Faça alguma coisa!

Diego, que até então estava calado só observando, pronunciou-se:

– Dona Marisa, a senhora está sendo muito radical. Vamos ouvir primeiro o que ele tem a dizer. Depois, sua filha já é maior de idade e pode fazer o que quiser da vida dela. Se quiser partir com um feiticeiro, não será a senhora quem irá impedir.

O silêncio se fez. Vendo que era sua vez de falar, Ernesto começou.

– Dona Marisa está certa. Ela entende muito do assunto, sabe que a magia é uma espécie de ciência antiga, surgida em civilizações extintas como a Atlântida, mas perpetuada por todas as outras ao longo do tempo. Ocorre que algumas pessoas passaram a usar essa força da natureza para o mal, e aí surgiram os feiticeiros, os magos negros, as bruxas... Eu era espírita fazia muitos anos, acreditava em tudo o que aquela filosofia dizia, fazia palestras e, desde que me descobri com faculdades mediúnicas, comecei a participar de sessões de desobsessão. Eu era muito feliz, tinha uma esposa que amava e duas filhas que eram tudo para mim. No entanto, um dia um acidente tirou minha paz e felicidade, minha mulher e minhas filhas morreram e eu fui atirado à solidão. Acho que ninguém pode avaliar a dor que senti naquele momento. Ninguém aqui presente pode me julgar porque não passou por uma dor desse tipo.

Ninguém ousava interromper, mesmo dona Marisa, que já conhecia aquela parte da história.

Ele continuou:

– Abandonei o espiritismo e fui morar com meus pais no interior. Uma noite, em estado de sonambulismo, entrei em contato com uma entidade que disse ter poderes de me tirar da depressão se eu aceitasse assinar um contrato e trabalhar para ela como pai de santo. Disse-me que eu lhe devia algo e era a hora de pagar. Durante a noite mesmo, assinei o contrato e logo depois comecei a aprender a arte de enfeitiçar. Com o tempo, abri um terreiro e passei a fazer toda espécie de trabalho. Dona Marisa tem razão, sempre trabalhei para o mal, mas também nunca fui feliz, sentia uma angústia, um vazio que nada preenchia. Até o dia em que conheci, casualmente, Ingrid.

– Como conheceu minha irmã? O que ela estaria fazendo com um tipo como você?

Ernesto não poderia revelar que Ingrid havia ido procurá-lo para fazer um feitiço que iria destruir o lar da irmã. O jeito era apelar para a mentira, que já estava articulada em sua mente.

– Ingrid foi a meu consultório acompanhando uma colega de cursinho que desejava prender um rapaz. Coisas de adolescente. Na verdade, a sua irmã havia ido até lá na tentativa de fazer a amiga desistir do intento da magia. Durante a consulta, falou muito bem de dona Marisa e do que havia aprendido com ela. Tanto falou que a colega desistiu do trabalho e foi embora, não sem antes deixar o endereço do cursinho onde estudavam por força de meu pedido.

Com o endereço nas mãos e já completamente apaixonado por Ingrid, passei a esperar ela e sua colega todas as noites na saída das aulas, até que um dia as abordei e as convidei para me acompanhar a uma confeitaria próxima. Elas relutaram, mas eu insisti e acabaram cedendo. Durante esse encontro insisti com a colega para que ela fizesse o trabalho, mas aquela conversa era pretexto só para estar perto de Ingrid. Nunca, depois de minha esposa, eu havia sentido algo parecido por ninguém.

Olhou para Marisa e disse com voz emocionada:

– Conhecer sua filha foi a luz da minha vida. Depois daquele encontro, estreitou-se uma amizade entre nós e eu, muito feliz, percebi que Ingrid me correspondia. Quando me declarei, ela também se disse apaixonada, assim começamos um namoro. Depois de algum tempo, sua filha conversou sério comigo dizendo que se eu não deixasse a magia ela não continuaria o namoro. Com esse amor no coração, tive a coragem de arriscar minha vida e acabei com tudo. Não sou mais pai de santo, fechei meu terreiro e encerrei minhas consultas. A senhora sabe que quem rompe um pacto com as trevas está sujeito a tudo, mas, por amor, assim o fiz. Essa é a maior prova. Procure todos os meus clientes, vá até o local onde ficava meu terreiro, na Vila Maria, e a senhora poderá comprovar. Posso morrer hoje, mas morrerei feliz por um dia ter conhecido sua filha.

Todos estavam mudos com a narrativa de Ernesto. Dona Marisa sentia que ele estava sendo sincero, apesar de ter algumas coisas naquela história que certamente estavam mal contadas. Com os olhos rasos d'água, ela o abraçou dizendo:

– Desculpe-me por julgá-lo. Sei que está sendo sincero, sou intuitiva e posso detectar uma mentira, mas por ter rompido com as trevas, eu permito o namoro com minha Ingrid. Espero que a faça muito feliz. Nesta noite senti que o amor de vocês é verdadeiro e belo, vou orar para que nenhum mal lhe aconteça, afinal, se minha filha o ama, também passarei a amá-lo.

Todos concordaram com as palavras de dona Marisa, e assim passaram ao jantar. No final, Ernesto tirou do bolso do terno uma caixinha e pediu que Ingrid a abrisse. Assim que ela o fez, percebeu um lindo par de alianças. Ernesto explicou:

– O que seria um simples jantar, vai ser, a partir de agora, um noivado. Quero me casar com sua filha e fazê-la a mulher mais feliz do mundo – disse emocionado, olhando para Marisa e Ingrid.

O noivado foi realizado e Diego sugeriu que abrissem um vinho para comemorar. Dona Marisa foi à cozinha buscar a bebida e, quando estava lá, sozinha, sentiu uma lufada de vento frio e ouviu várias gargalhadas e estouros. Arrepiou-se por inteira e começou a orar. Como demorou muito tempo sem reaparecer na sala, ao abrir os olhos viu Vanessa à sua frente indagando:

– O que a senhora faz aí de olhos fechados? Todos querem o vinho.

– Estava orando pela paz do casal.

Foram para a sala e só depois da meia-noite é que foram dormir.

Os meses passaram depressa e o casamento aconteceu. Foi tudo muito simples, com uma cerimônia civil. Ernesto comprou uma mansão e levou a sogra para morar com ele. A princípio, dona Marisa o aconselhou a levar uma vida modesta e doar todo o dinheiro que angariou com os trabalhos de magia, mas ele argumentava que o dinheiro estava sendo bem usado, e que assim não haveria problemas. Marisa acabou se calando, mas no íntimo sentia a esperança de convencer Ernesto a devolver tudo e levar uma vida simples. Esse foi um dos motivos que a fizeram aceitar morar com a filha. Tentar trazer Ernesto cada vez mais para o bem e proteger aquela nova família das investidas das trevas. Tinha certeza de que conseguiria.

Uma noite, quatro meses após o casamento, Ernesto, ao dormir, sonhou que estava afundando numa areia movediça enquanto quatro homens sorriam e rodopiavam ao seu redor. Aquele que parecia ser o chefe disse:

–Tire-o daí e o recoloque no corpo. Para que fazer o coitado sofrer agora mais do que sofrerá no futuro?

O outro retrucou:

– Germano, você está ficando muito bonzinho. Esta areia movediça deixa a pessoa com o sono agitado e impregna o espírito de miasmas negativos. No outro dia, a criatura acorda cansada, indisposta, irritada e com coceiras pelo corpo. Muitos são os que trazemos para essa areia durante a noite. Por que não fazer com ele, que é um traidor?

–Vocês mesmos sabem o que ele vai passar e nem será por interferência nossa, mas pelo acerto dele com o Cordeiro. Agora levem-no para o corpo. Coitado, não sabe o que o aguarda!

Ernesto ainda ouviu as últimas frases, quando acordou banhado de suor. Olhou para Ingrid que, ao seu lado, dormia tranquila. Ele havia escutado claramente que algo horrível iria lhe acontecer. Mas o que seria? Sentiu que se perdesse Ingrid, a única alternativa que lhe restava seria o suicídio. Ficou apavorado e sem conseguir conciliar o sono. Pensou em orar, mas para quem? Certamente, se Deus existisse, não estaria se importando com aquela situação. Naquela hora, Ernesto chorou muito e só adormeceu quando o dia começava a clarear. Nem viu que Mariana e suas duas filhas, Márcia e Lívia, estavam ao seu lado velando por ele.

25

A volta de Márcia e Lívia

A vida de Ernesto e Ingrid transcorreu sem problemas durante muito tempo. Ela, logo após o casamento, voltou a estudar, pois pretendia ter nível superior, trabalhar e ser independente, ao que Ernesto não se opôs. Dona Marisa ajudava a filha com os trabalhos da casa, mesmo a contragosto de Ernesto, que queria contratar ainda mais empregados para a mansão onde agora viviam. Ingrid possuía arrumadeiras, cozinheiras, copeiras, mas fazia questão de escolher pessoalmente os arranjos de sua casa e participar ativamente em tudo o que acontecia nela.

No entanto, Ernesto começou a sentir um vazio interior. Havia fechado o terreiro, acabado com o consultório, não tinha o que fazer. Possuía muito dinheiro e poderia viver muito bem com o que tinha, mas a falta de ocupação o deixava apático, sem vontade para levantar da cama. Foi daí que surgiu a ideia de ter uma empresa. Mas em que investir? Ele já possuía imóveis que eram alugados por uma boa quantia. Pensou bastante e resolveu montar uma imobiliária. Adquiriu mais terrenos, imóveis comerciais e montou seu negócio; então o vazio terminou. Transformar-se em empresário, ter com o que se ocupar durante o dia o deixou mais completo. Agora tudo ia muito bem em sua vida. Era um homem feliz, tinha a mulher que amava, um lar, pais que o veneravam, trabalho, tudo! Definitivamente, a magia só tinha trazido coisas boas para ele. Não acreditava mais que algo de ruim pudesse lhe acontecer.

Um ano depois do casamento, Ingrid começou a sentir tonturas, mal-estar, enjoo. Marisa ficou muito feliz, conhecia bem aqueles sintomas e sabia que a filha estava grávida. Todos ficaram felizes com a suspeita, que logo após os exames médicos foi confirmada. Ernesto não cabia em si de tamanho contentamento. Mas a alegria estava só por começar. Logo descobriram, após o primeiro ultrassom, que se tratava de uma gravidez de gêmeos.

Começou, então, um tempo de cuidados redobrados com a gestante. Nove meses depois nasciam duas lindas meninas. Na verdade, eram Márcia e Lívia que retornavam à convivência com Ernesto. Na última curta existência que ambas tiveram, tudo foi programado para que a morte delas servisse de prova para ele. No entanto, agora elas regressavam para aprender coisas novas, disciplinar a mente, dar um passo a mais na senda da evolução. Sabiam que era arriscado ter um pai como Ernesto, mas ao mesmo tempo laços do passado os uniam. Foi a própria Mariana e outros espíritos amigos, com o aval do plano superior, que aprovaram e cuidaram da reencarnação.

Vanessa e Diego estavam sempre por perto, e Ingrid, sempre que os via, sentia um remorso grande. Como um dia tivera coragem de tentar separar um casal tão lindo como aquele? Ainda bem que Diego a perdoara e parecia nem se lembrar mais do ocorrido. Ele e Vanessa foram os padrinhos de uma das meninas.

Dois anos se passaram depressa e a família de Ernesto só fazia prosperar. Beatriz e Hanna, as gêmeas, estavam cada dia mais saudáveis, risonhas e levadas como todas as crianças naquela idade. Ingrid, finalmente, voltara a estudar e fora aprovada no vestibular para publicidade, mas resolveu não cursar no momento, pois deveria estar ao lado das filhas, que exigiam muito sua presença. Dona Marisa não concordava e dizia:

– Aqui tem muita gente, pode estudar tranquila, não tem com o que se preocupar.

Ao que ela dizia:

– Agora sou mãe. Nessa fase, as crianças ainda são muito dependentes da presença materna, desejo e quero apenas estar com elas nesse momento. O estudo pode esperar.

Dona Marisa sorria e pensava: "Essa nasceu com o dom de ser mãe mesmo".

Era uma tarde ensolarada e Ingrid resolveu passear com as filhas num jardim próximo. Fátima, a babá, as acompanhou. Ela adorava ter contato com a natureza e queria ensinar às filhas como isso era importante desde cedo. Após algum tempo, Fátima percebeu que alguém acenava para ela ao longe, pediu licença à patroa e foi ver quem era. Estava anoitecendo e o jardim ficou praticamente sem ninguém. Ingrid não gostava de ficar sozinha com as filhas, pois eram muito levadas, mas Fátima garantiu que não iria demorar. De repente, sentiu que alguém colocava um lenço embebido de clorofórmio em seu nariz e logo perdeu os sentidos. Foi tudo muito rápido e dois homens desconhecidos a levaram desacordada para um carro estacionado a poucos metros, sem que ninguém percebesse. Depois deram partida e sumiram numa esquina.

Quando Fátima voltou, encontrou as crianças chorando e chamando pela mãe. Ficou assustada, mas resolveu esperar, certamente a patroa deveria ter ido a algum lugar próximo. No entanto, as horas passavam e nada de Ingrid aparecer. Ela começou a se desesperar e, quando chegou em casa com as meninas, encontrou Ernesto, que já havia voltado da imobiliária louco de desejo de rever as filhas e a esposa. Estranhou quando viu que Ingrid não viera com elas. Abraçou as filhas e beijou o rosto de cada uma delas, que pararam de chorar imediatamente. Percebendo que algo estava errado e que Fátima estava branca feito cera, perguntou:

– Onde está minha mulher, Fátima?

Silêncio.

– Fale, Fátima, onde está Ingrid?

Fátima, com a voz rouca de medo, respondeu:

– Não sei, senhor. Ela desapareceu no jardim.

– Como desapareceu? – era a voz de Marisa, que vinha descendo as escadas e acabou escutando.

– Não sei como foi – respondeu Fátima já chorando. – Um homem me chamou para pedir uma informação e fui ajudar. Pedi à dona Ingrid que ficasse sozinha um instante e, quando voltei, ela não estava mais lá. Esperei, procurei por todo o jardim e não a encontrei.

Um pavor muito grande tomou conta de Ernesto. O que teria acontecido? Ingrid era muito responsável e jamais iria sair e deixar as filhas sozinhas. Deixou-se cair no sofá e indagou:

– Quem era o homem que lhe chamou? O que ele queria?

– Não o conheço, senhor. Queria uma informação, saber onde era determinada rua. Tentei explicar, mas ele parecia não entender. Depois de muito tempo recebeu um telefonema, disse que estava satisfeito e saiu. Não consegui saber o que ele queria, na verdade.

Ernesto bradou:

– Foi um sequestro, com certeza! O que vai ser de Ingrid agora?

Marisa estava chocada.

– Meu Deus! Como isso pôde acontecer conosco? Eu sempre lhe avisei que as pessoas sabem que você tem muito dinheiro, sua fama foi grande, agora com essa imobiliária então...

Ernesto levantou e gritou:

– Suma daqui, Fátima, está despedida! Irresponsável!

– Não faça isso, meu genro. Ela não teve culpa e pode ser muito útil para chegarmos ao homem que a chamou, ele certamente faz parte do grupo que levou minha filha.

Ernesto estava descontrolado.

– Não sei o que fazer, o que pensar.

– Acalme-se

E, voltando-se para a babá, disse:

– Fátima, tire as crianças daqui. Vou ligar para a casa da Vanessa, quem sabe ela não está lá?

– Não, dona Marisa, Ingrid jamais sairia para qualquer lugar sem levar as crianças.

– É verdade, mas, de qualquer maneira, tenho de avisar o que está acontecendo.

Ela discou e esperou, logo a voz de Diego se fez ouvir:

– Diga, minha sogra querida.

Ela fez uma pausa. Como iria dar aquela notícia a Diego e Vanessa, que tanto gostavam de Ingrid?

– Diego, aconteceu uma desgraça aqui.

– O que houve? Algo com as crianças?

– Não. Hanna e Beatriz estão bem, felizmente. Foi com Ingrid. Ela foi sequestrada.

Diego assustou-se.

– Como isso foi acontecer?

– Peça a Vanessa que venha para cá agora. Ernesto está abalado. Precisamos da força de vocês.

Diego relutava em acreditar.

–Vocês podem estar enganados, quem iria sequestrar Ingrid? Tudo bem que Ernesto tem dinheiro, mas não é nenhum milionário.

– Engana-se. Ernesto tem fortuna considerável, o suficiente para atrair esse tipo de coisa.

– Já ligaram pedindo o resgate? Enquanto não ligarem, pode ser que não seja um sequestro.

– É muito recente. Certamente ligarão.

Diego percebeu que Vanessa entrava na sala com Marquinhos e Felipe, desligou o telefone e contou-lhe tudo. Apressados, colocaram os meninos no carro e partiram para a casa de Ernesto.

O clima estava tenso. Já passava da uma da manhã e nada de telefonema. O telefone chamou, mas era engano, o que aumentou a ansiedade de todos. Com o toque, acharam que era alguém tentando entrar em contato.

Por fim Diego sugeriu:

–Vamos a uma delegacia registrar a queixa.

– Não adianta. A polícia só começa a procurar um desaparecido após muitas horas, e não quero meter delegado nisso, pode complicar – falou Ernesto, muito nervoso e andando em círculos.

Diego insistiu:

– É muito mais arriscado, em um caso como esse, os familiares agirem sozinhos. É melhor que a polícia esteja a par.

– Vou esperar a ligação primeiro. Temos gravador e vamos registrar a conversa, depois procuraremos a polícia.

De repente, Ernesto sentiu o coração disparar e uma tontura muito forte o acometeu, sentiu tudo rodar, ouviu muitas gargalhas e desmaiou.

Acordou tempos depois perguntando o que estava acontecendo. Quando recobrou a memória, voltou a se desesperar. Seria isso que os espíritos diziam que ia acontecer? Não! Ele não podia perder mais uma vez a pessoa que amava. Se isso acontecesse, ele se mataria. Uma ideia lhe veio à mente e ele resolveu seguir:

– Tem uma pessoa que pode me ajudar e vou procurá-lo agora.

Vanessa interveio:

– É madrugada e você não tem condições de sair sozinho, se for dirigir será pior.

– Estou decidido, vou sair quer deixem ou não.

Diego pegou em sua mão e o encorajou:

– Sei como deve estar sendo difícil para você. Amo minha esposa e nem sei o que faria se isto estivesse acontecendo comigo. Se quiser sair, conte com minha ajuda, posso dirigir para você. Se tiver alguém que pode ajudar, vamos procurá-lo.

Ernesto sentiu lágrimas nos olhos. A preocupação, o desvelo e o carinho daquelas pessoas para com ele o deixavam ainda mais fragilizado. Mesmo assim resolveu agir.

Diego ao volante ia conduzindo o veículo cada vez para mais longe.

– Estamos num lugar perigoso. Não é melhor voltarmos?

– Não. Já chegamos ao local. Aqui mora um pai de santo muito famoso chamado Wilton. Quer dizer, aqui não é sua casa de verdade, mas hoje é dia de trabalhos e ele fica aqui até altas horas acordado.

Diego surpreendeu-se:

– Você não devia se meter mais com isso. Não disse que havia parado?

– Eu parei, mas ele não. Essas pessoas têm o poder de vidência e podem saber o que aconteceu com Ingrid, inclusive dizer onde ela está.

– Não sei, mas se quer tentar...

Ambos desceram do carro e perceberam que o sobrado estava às escuras. Provavelmente os trabalhos já tinham acabado e pai Wilton deveria estar dormindo. Louco de desespero, Ernesto começou a gritar pelo amigo. Uma das janelas se abriu e a figura de Wilton apareceu.

– Ernesto? É você mesmo? O que quer aqui a essa hora?

– Só você pode me ajudar.

Wilton desceu, abriu a porta e eles entraram. Ernesto explicou tudo, pediu que o amigo se concentrasse e tentasse ver algo ou até mesmo evocar alguma entidade.

Wilton ponderou:

– Você sabe que sua ficha ficou suja do lado de lá, não sei se eles vão querer atendê-lo.

– Mas como amigo, sei que vai tentar. Quero pelo menos saber se esse é o castigo que Belzebu preparou para mim.

– Vamos ver...

Todos foram para a sala de consultas e pai Wilton concentrou-se. Demorou quase vinte minutos, em que parecia estar em transe. Depois, abriu os olhos e disse:

– Fique calmo. Ingrid está bem. Não é esse o famoso "castigo" que você vai ter, será algo muito pior.

Ernesto não prestou muita atenção à última frase, apenas perguntou:

– Dá para ver quem a sequestrou? Quando manterá contato? Onde ela está?

– Calma. Cada pergunta de uma vez. Como lhe falei, sua ficha está suja e você é visto pela Legião das Sombras como um traidor, mesmo assim consegui ver algumas coisas. Sua esposa está bem, mas vai sofrer no cativeiro. Este não foi um sequestro comum, nem espere que ninguém vá pedir resgate, o que está acontecendo é uma vingança.

Ernesto abriu os olhos assustado.

–Vingança? De quem?

– Não consegui ver mais nada além disso, mas não é difícil deduzir.Você prejudicou muitas pessoas enquanto foi pai de santo. Provavelmente, uma dessas pessoas que se sentiu lesada está querendo se vingar. Por isso, em nosso trato com os espíritos prometemos não nos casar. Vejo que sua mulher vai sofrer muito nas mãos dessa pessoa. Não se sabe se a vão lhe devolver com vida.

Ernesto sentiu o sangue faltar em suas veias. Poderia haver um castigo pior?

Diego, vendo o sofrimento do amigo, colocou as mãos em seus ombros e disse:

–Vamos, Ernesto,Wilton não consegue ver mais nada e acho que já sabemos o suficiente para deixarmos este local.

Iam saindo, quando Wilton disse:

–Tenha esperança. Se este não é o "castigo", é bem provável que ela volte sã e salva para casa. Algo muito mais grave ainda o espera.

Ernesto sentiu-se mal ao ouvir aquilo. Além de passar por uma situação daquelas, ter a mulher na mão de malfeitores, ainda iria sofrer mais! Ele suportaria tudo, mas se tivesse Ingrid por perto. Ao chegar em casa, contou tudo o que aconteceu. Marisa não gostou do que o genro foi fazer, mas pelo menos sabia que sua filha estava bem. Iria orar a Deus para que ela não sofresse e fosse logo devolvida. Convidou todos para fazer uma prece, mas Ernesto se recusou a participar. Foi para o quarto e, com os olhos fixos no teto, começou a chorar.

26

A conscientização de Arlete

O espírito de Arlete acordou e percebeu que estava alguns centímetros acima do corpo físico. A princípio pensou estar sonhando, mas seu perispírito foi se levantando cada vez mais, até que tocou o teto do quarto onde ela se mantinha em estado de coma profundo. Ao se dar conta de sua real situação, começou a gritar desesperadamente. Como aquilo poderia estar acontecendo? Então tinha dois corpos? Um que estava em estado vegetativo e outro que pairava no ar? Que loucura era aquela! Por mais que gritasse, ninguém vinha em seu socorro. Passou assim vários dias e pôde perceber a movimentação dos médicos, das enfermeiras, das visitas de seus familiares, que aconteciam diariamente. Depois de muito tempo, sentiu que alguém a puxava fortemente, até que tombou no chão. Assustada, viu uma mulher com uma mortalha preta, cabelos desgrenhados, pés descalços e que sorria muito. Tentou correr, mas a outra a agarrou.

– Pensa que vai aonde, garota?

– Solte-me, por favor, sua louca! Quero sair daqui, certamente me levaram a um hospício e estou tendo alucinações. Socorro!

Quanto mais Arlete se desesperava, mais o espírito sorria macabramente.

– Desejo ser sua amiga e lhe revelar muitas coisas. Não quer saber por que está nessa situação?

Arlete tremia de medo, mas, ao ouvir aquelas palavras, interessou-se. Afinal, o que realmente estava ocorrendo com ela? Por que via dois corpos seus? Tentou vencer o medo e aproximou-se da mulher.

– Quero sim, afinal, estou prestes a ficar louca de verdade se não souber o que isso significa.

– Acalme-se. Primeiro vou me apresentar. Meu nome é Gorete e por enquanto sou sua guardiã.

– Guardiã? Como assim?

Gorete abriu sua bolsa e retirou duas fotos pequenas. Mostrou uma e perguntou:

– Reconhece?

– Claro que sim! É o Bruno, meu marido que morreu. Mas o que ele tem a ver com isso?

– Já vai descobrir. E esta outra foto aqui? Reconhece esta pessoa?

Arlete olhou demoradamente, mas não conseguiu saber de quem se tratava.

– Não sei. Essa eu não conheço.

– Pois devia conhecer. Ela é a causa de você estar aqui.

– Como assim? Se nem sei quem ela é, como pode ser a causa dessa situação louca por que passo?

– Eu não falei que é só ela a causa, seu marido também. Lembra daquele feitiço que você encomendou com pai Ernesto para afastar uma rival de seu caminho? Pois bem, o feitiço foi realizado e esta moça da foto, que se chama Diva, caiu de uma escada e ficou do mesmo jeito que você está agora, como um vegetal. É justo que você receba o mesmo que ela. Aquele acidente veio na hora certa. O Cordeiro a puniu porque você fez o mal a essa moça. Agora estou aqui com a função de não permitir que você volte ao corpo, o mesmo que fiz com ela.

Arlete sentiu todo o corpo arrepiar. Seria verdade?

– Sinto que ainda duvida. Deixe-me colocar a mão em sua testa que você vai se lembrar de tudo.

Arlete permitiu e, assim que Gorete colocou a mão direita em sua fronte, várias imagens começaram a se formar. Ela reviu o dia em que foi ao consultório do pai de santo, quanto pagara pela consulta, o tombo que Diva havia tomado e seu estado na UTI, por fim, a cena do acidente e seu despertar fora do corpo. Percebeu que a vida continuava e que estava pagando pelo seu erro. Começou a chorar. Gorete, vendo seu estado, começou a rir. Riu tanto que Arlete se irritou e perguntou:

– Do que tanto ri? De minha desgraça? Se é minha guardiã, deveria me ajudar, não ficar zombando.

Gorete, de repente, ficou séria e fez ar de mistério.

– É que sempre fico feliz quando vejo a infelicidade dos outros. Na cidade onde moro procuramos induzir as pessoas a fazer toda sorte de maldades, para que, recebendo o troco, fiquem tão infelizes quanto nós. Não suportamos saber que tem alguém feliz, enquanto estamos na tristeza, na culpa, no remorso. Queremos todos iguais. Se é para um, é para todos. Foi por isso que a induzimos a procurar um pai de santo e fazer uma bruxaria.

– Se o que diz é verdade, as pessoas já deveriam ter deixado de fazer magia. Aliás, quando vamos procurar um feiticeiro, ele nunca diz que vamos ter o troco, só nos promete o que queremos, pagamos e ficamos felizes quando as coisas acontecem.

– Como você é ingênua! É claro que os feiticeiros não vão dizer isso, a maioria deles nem sabe da lei do retorno. Na verdade, os feiticeiros estão, sem saber, sendo guiados pelos magos negros e cientistas das trevas para induzir as pessoas ao sofrimento. Eles também são enganados. Mas fique certa de que toda pessoa que faz uma magia visando ao mal de alguém estará comprometida com os espíritos do astral inferior e com a lei do retorno.Você mesma, dê-se por satisfeita por ainda estar viva, pois se seu cordão de prata tivesse se rompido e você houvesse desencarnado, estaria agora sendo escrava das legiões dos seres das sombras.

– E se você sabe que existe essa lei, por que também age no mal?

Gorete deu de ombros.

– Eu não tenho mais nada a perder. Desde que perdi tudo e fiquei pobre, entrei no vício do álcool e morri de cirrose. Como fiquei viciada, logo fui presa por outros espíritos que também tinham esse vício. Fui cobaia deles durante muito tempo, até que um dia um grupo de cientistas me resgatou do vale para trabalhar para eles. Hoje ajudo os feiticeiros e fico guardando o leito de algumas pessoas que estão em coma, como você. Quanto a essa lei, sei que existe, mas não faço o mal por mim mesma, apenas sou uma funcionária, devo ter alguma atenuante.

Neste momento, uma luz forte penetrou no recinto. Era o mentor de Arlete, que acabava de chegar.Tinha uma aura que ia do azul-celeste ao prata. Gorete percebeu que se tratava de um espírito de luz e encolheu-se a um canto, tremendo. O ser de luz olhou ternamente para sua protegida e disse:

– É chegada a hora de você voltar à vida. Deus lhe deu uma nova chance, tem de aproveitá-la.Vamos?

A luz era intensa e Arlete fechava um pouco os olhos incomodada, mas, à medida que fitava aquele bonito homem, a claridade parou de incomodar. Ele pegou em suas mãos e fez com que se levantasse.

– Como Deus pode ter me dado outra chance? Sou uma pessoa muito errada. A Gorete diz que Jesus está me castigando e que ficarei assim por muito tempo. Não mereço outra chance.

– Gorete, assim como muitas outras pessoas, está iludida a respeito das leis eternas e imutáveis que regem a vida. Para Deus não existe o certo ou errado, o bom ou ruim, o que conta mesmo são as intenções que movem as ações de cada um. É claro que existe a lei do retorno, mas nunca para punir ou castigar, apenas para disciplinar, alargar a consciência, despertar para os verdadeiros valores do espírito, sem os quais ninguém poderá ser feliz. Quando o sofrimento nos alcança pela colheita natural de nossa semeadura, é sempre para que possamos arrancar a raiz do mal que ainda há em nós, tanto que, se a pessoa se modificar antes que ele chegue, não precisará mais sofrer. Lembra-se de Paulo, o apóstolo? Ele é um exemplo vivo de como o amor cobre a multidão dos pecados. Não acredite em fatalidade, ela só ocorre quando a pessoa permanece com os mesmos pensamentos e a mesma conduta de antes.

Arlete chorava de emoção.

– Ouvi um dos médicos dizer que provavelmente não voltarei a andar. Sou tão ruim assim para merecer isso?

– A medicina se engana muito. Houve, sim, um pequeno problema em sua coluna, mas é simples e você voltará a andar em poucos dias assim que sair desse estado.

– Já que Deus me deu essa chance, vou aproveitar e ser uma pessoa melhor. Meu irmão vive falando que precisamos estar conectados ao bem se queremos a felicidade. Mas acho que não serei mais feliz. Pouco antes do acidente, iniciei um tratamento psiquiátrico para depressão, meu marido morreu e não sei viver sem ele.

– Primeiro precisa deixar de lado todo o pessimismo. O despertar do coma, saber que escapou da morte, mudará profundamente sua maneira de ver a vida. Deixará a depressão de lado e cuidará de fazer algo por si mesma. É isso o que todos têm de fazer para evitar um processo depressivo. Seu marido e a irmã dele são escravos no umbral e permanecerão assim por muito tempo, até que amadureçam para o bem. Procure, em suas preces diárias, orar por eles, mas cuide de sua vida, busque ser feliz. Esse é o estado natural do homem e foi pra isso que Deus nos criou, para a felicidade, o progresso, a prosperidade e a luz.

–Você diz coisas bonitas. Queria escutar isso todos os dias.

– Não falta quem lhe diga. Seu irmão mesmo é um dos que andam pregando essas verdades.

Arlete refletiu e percebeu como deixara de ouvir o que Eduardo falava. Como havia perdido tempo! Mas havia uma pergunta que a inquietava e, ganhando coragem, resolveu fazê-la ao seu mentor.

– Sofri o acidente e fiquei no mesmo estado em que Diva ficou. Você diz que não há punição. Então por que isso me ocorreu?

– Dizer que não há punição nem castigos divinos não quer dizer que não exista o retorno das nossas ações. Você precisava refletir sobre todo o mal que fez, agiu com irresponsabilidade e não se importou quando soube o que sua rival na Terra estava passando. Você não conhecia as leis da vida. O mal, mesmo quando o fazemos indiretamente, é uma semente que, se encontrar solo fértil, vai se desenvolver e acabará por nos sufocar. Por isso em toda ação que formos praticar, por menor que seja, devemos sempre perguntar se ela vai prejudicar alguém. Se for, não devemos fazê-la de forma alguma. Este é o preço da paz.

Arlete havia entendido. Seu mentor carinhosamente a fez adormecer e a reencaixou no corpo físico que, na Terra, acabava de despertar.

Foram dias de alegria para a família de Lucrécia. Arlete voltara do coma e, aos poucos, começou a se readaptar à vida. Felizmente, nada grave lhe ocorrera na coluna e ela pôde voltar a andar. Mesmo assim, atravessou semanas na cadeira de rodas e depois em um par de muletas. Uma mudança profunda ocorreu nas personalidades de mãe e filha. Fazer esforço para andar normalmente e ter escapado com vida e sem sequelas de um acidente daqueles deixou Arlete introspectiva e, como que por encanto, sua depressão foi embora. Numa bonita manhã de sábado, as duas estavam sentadas em um dos bancos do jardim e, enquanto conversavam, Arlete falou:

– Esses dias estive pensando em como as pessoas se deprimem à toa, talvez por não saberem que já têm tudo de que precisam para ser felizes.

Lucrécia também havia pensado no assunto, pois estava se sentindo triste, mesmo tendo os filhos por perto, dinheiro e casa boa. Nada lhe faltava.

– Como chegou a essa conclusão? Acho que as pessoas sempre têm um motivo para estar deprimidas. Ninguém fica triste à toa.

– Mamãe, não sei explicar, mas algo em mim despertou. De repente, passei a ver a vida de outra maneira, a enxergar coisas que antes não via. Desde que saí do coma, comecei a questionar o porquê da vida, dos acontecimentos, e parecia que uma voz me respondia ao ouvido tudo o que eu perguntava. Eduardo disse que era meu mentor. Não sei se acredito muito nisso, mas o certo é que as respostas começaram a surgir dentro de mim e eu fui refletindo... Curei-me da depressão. Sabe o que descobri?

Lucrécia meneou a cabeça, e ela continuou:

– Descobri que as pessoas criam falsas necessidades, desejos grandiosos, fantasias, ambições desmedidas e acreditam que só serão felizes com isso. Por causa disso, entram em um círculo vicioso, andam sonhadoras e se esquecem de viver o momento presente, com tudo de bom que ele tem a oferecer. Por essa razão, entram na esperança, na ansiedade, que fatalmente levam à depressão. Eu mesma não soube aproveitar o lar que Deus me deu. Com o ciúme, o desejo de posse, por não aceitar meu marido como ele era, deixei de viver a felicidade que a vida me reservara, enveredei pelos caminhos do mal e, quando o perdi, fiquei depressiva justamente por descobrir que havia perdido a mim mesma. Coloquei minha felicidade nas mãos de um homem e esqueci de ser eu mesma. Isso nunca dá certo. Foi preciso um acidente, ficar entre a vida e a morte, com a possibilidade de me tornar paralítica, para aprender que podemos ser felizes agora, no presente e que não devemos ficar adiando este instante. Temos tudo para alcançar a paz, só que não valorizamos, por isso atraímos tantos sofrimentos.

Lucrécia estava emudecida. A filha tinha mudado, parecia até Eduardo falando.

– Sinto que tem razão. Confesso que preciso também deixar as ilusões de lado. Tenho sentido vontade de conhecer o espiritismo. É uma filosofia que fez muito bem ao Eduardo. Percebe como ele está sempre alegre e feliz?

– Eu também quero conhecer. Arrependo-me muito por ter me envolvido com a magia. Hoje é dia de palestras no centro que ele frequenta. Vamos falar para ele que iremos hoje.

As duas continuaram conversando sobre a vida, quando, minutos depois, viram Eduardo aparecer e se dirigir à garagem. Tentaram chamá-lo, mas ele não escutou. Tirou o carro e saiu com rapidez.

– Percebeu como estava o rosto dele?

– Sim, mamãe, nunca vi o Eduardo com essa cara. O que terá acontecido?

– Só pode ser algo grave. Nunca o vi triste.

– Nem eu. De qualquer forma, seu irmão é autossuficiente. Seja qual for o problema, ele saberá resolver.

Não deram mais importância ao assunto e logo estavam falando sobre outras coisas.

Eduardo dirigia com pressa. Não gostava de ultrapassar a velocidade permitida, mas não estava conseguindo se conter. Durante a noite tivera sonhos confusos, imagens que não conseguira identificar. Quando acordou, sentiu uma grande tristeza, vontade de chorar, inquietação. Ele não era médium e tinha certeza de que não estava com nenhum espírito obsessor por perto. Orou bastante, sentiu-se aliviado, mas mesmo assim a sensação desagradável continuou. De repente, o rosto do pai veio-lhe forte à mente. Eles eram muito ligados, e logo Eduardo pensou que algo desagradável pudesse estar acontecendo com Arnaldo. Desde que Alice voltara para ele, notara que o pai havia recuperado a alegria e que ela também estava muito feliz. Viam-se regularmente. O que poderia estar acontecendo?

Tentou esquecer aqueles pensamentos desagradáveis, porém, quanto mais lutava, mais o rosto de Arnaldo surgia em sua mente. Não aguentando a pressão, pegou o carro e foi ao Morumbi. Lá chegando, entrou no apartamento e encontrou o pai e Alice ainda fazendo o desjejum. Tudo estava absolutamente em paz. Abraçou o pai com força, perguntou como tudo estava e, ao se certificar de que nada ocorrera ali de ruim, voltou para casa.

Ao chegar, Lucrécia o abordou dizendo que naquela noite ela e Arlete desejavam ir ao centro com ele. Eduardo ficou muito feliz e foi com prazer que entraram em um ambiente simples, porém confortável, onde ouviram uma belíssima palestra sobre o poder da prece. Quando terminou, foram à livraria e adquiriram os livros de Allan Kardec, a série André Luiz, alguns romances ditados pelo espírito Emmanuel, bem como uma trilogia psicografada pela médium Yvonne Pereira.

Contudo, mesmo após o passe Eduardo não se sentiu bem. Ao retornar ao lar foi logo se recolher. Lucrécia e Arlete, empolgadas com os livros que compraram, não deram importância. Afinal, Eduardo adorava ficar sozinho no quarto à noite, onde lia, assistia a filmes e ouvia música.

Estavam comentando o prefácio do livro *Nosso Lar* quando o telefone tocou e Lucrécia foi atender.

– Alô?

A voz do outro lado estava nervosa e rouca.

– Aqui é Alice. Desculpe ligar para sua casa, dona Lucrécia, mas tentei o celular de Eduardo, que está dando caixa postal. Estou aflita e nem sei como falar.

Lucrécia sentiu que alguma coisa grave havia ocorrido. Alice começou a chorar desesperada e ela passou a se sentir nervosa.

– O que foi, menina? Diga logo.

– O Arnaldo...

– O que tem ele? Vamos, fale!

– Sofreu um infarto fulminante.

Alice não conseguia mais falar. Lucrécia insistiu com o fone no ouvido até que outra voz feminina se fez ouvir:

– Dona Alice está muito nervosa e foi sedada agora. Com quem estou falando?

– Aqui é Lucrécia, ex-mulher de Arnaldo. O que houve?

– Infelizmente, ele faleceu poucos instantes antes de dar entrada aqui. O infarto foi fulminante. Sinto muito, senhora.

Lucrécia sentiu o chão faltar sob seus pés, mesmo assim gravou o nome do hospital onde o ex-marido estava. Era um hospital muito bem-conceituado em São Paulo e não foi preciso anotar.

Arlete não precisou perguntar nada à mãe, pois Lucrécia disparou a falar e a chorar.

– Precisamos ter calma. Se ficarmos assim, como vamos falar ao Edu?

– É isso o que mais temo, avisá-lo que o pai morreu. Mesmo com tanta espiritualidade, não sei como Eduardo vai reagir. Arnaldo era a pessoa que ele mais amava no mundo.

– Temos de estudar uma forma de subir e contar.

– Vá você, Arlete. Eu não tenho nenhuma condição.

Elas largaram os livros e tentaram fazer uma prece, como ouviram na palestra, até se sentirem mais calmas.

Enquanto isso, Eduardo, que ao chegar ao quarto deitou-se e entrou em sono profundo, logo começou a sonhar. Viu uma enfermeira entrar segurando Arnaldo pelo braço e ele o olhava com muito amor dizendo:

– Filho, vou fazer a grande viagem. Você foi a coisa mais preciosa que a vida me deu. Nunca vou esquecer que um dia tive o privilégio de te amar e ser seu pai. Adeus.

Eduardo ficou nervoso, mas havia entendido.

– Eu sabia que ia chegar este momento. Não fiquei bem o dia inteiro.

A enfermeira olhou carinhosamente para ele e falou:

– Deus sabe fazer sempre o melhor. Chegou a hora dele. Num esforço muito grande, conseguimos que, depois do infarto, ele ficasse lúcido para se despedir. Quando sentiu a dor, este foi o único pedido: despedir-se de você. Agradeça por essa bênção. Agora ele ficará adormecido e só acordará algum tempo depois.

– Adeus, pai!

Arnaldo deixava as lágrimas escorrer.

– Não diga adeus a seu pai – tornou mais uma vez a enfermeira. – Você sabe que a vida continua e que a morte é uma ilusão. Diga um até breve.

Pai e filho se abraçaram.

Pouco depois, eles foram desaparecendo. Quando Eduardo acordou, lembrou-se claramente da vivência espiritual e sabia que o pai havia desencarnado. Quando Arlete entrou no quarto, ele apenas disse:

– Diga-me em que hospital está o meu pai. Quero vê-lo agora.

27

A provação de Ingrid

Depois de muito tempo desacordada pelo efeito do clorofórmio, Ingrid despertou. Percebeu que estava em um pequeno quarto sem iluminação, deitada sob um fino colchão. A porta do ambiente era de um cedro bem trabalhado, o que a levou a pensar que estava em uma casa antiga. Afinal, o que havia de fato acontecido com ela?

Começou a rememorar e concluiu, desesperada, que havia sido sequestrada. Logo outras perguntas começaram a passar por sua cabeça. Quem tinha feito isso? Com qual intenção? Como Ernesto e suas filhas estavam naquele momento? Começou a chorar.

Quando se acalmou, passou a observar melhor o local em que estava. Uma luz bruxulcante fez com que percebesse que havia ali um toucador antigo, cheio de gavetas, uma estante com livros, tudo muito empoeirado. Aterrorizada, notou que alguns ratos, baratas e tarântulas grandes caminhavam no local. Ficou quieta e começou a rezar.

Algumas horas depois, a porta se abriu com estrondo e dois homens encapuzados entraram. Ofereceram a ela um prato de comida e uma maçã de sobremesa. Ingrid pensou em empurrar tudo aquilo com raiva, mas sentiu o estômago doer de fome e resolveu comer. Os homens que entraram e se mantinham em silêncio ficaram observando todos os movimentos dela. De repente, um disse para o outro:

– É assim mesmo que o patrão quer. Ela tem de estar bem cheia de carne para agradar-lhe ao máximo. De que adiantaria para ele uma mulher que ficasse só pele e osso? Ainda bem que é boazinha e resolveu comer.

Ingrid começou a ficar nervosa. O que aquelas pessoas queriam com ela? Começou, então, um diálogo:

– Quem são vocês e por que me sequestraram?

– Isso não podemos dizer, mas no final você vai gostar do que acontecerá aqui.

– Como vou gostar se estou presa, sem ver minha família e minhas filhas? Já pediram o resgate?

O homem deu uma gargalhada maliciosa.

– O patrão não quer dinheiro. Ele quer outra coisa tão gostosa quanto dinheiro. Depois que conseguir tudo o que deseja e se saciar, vai libertar você. Fique despreocupada.

Ingrid percebeu que eles não iriam falar mais nada, mas foi o suficiente para entender que o mandante do sequestro a queria sexualmente.

Os dois homens saíram e ela ficou só. Naquele momento, compreendeu que a vida estava trazendo um sofrimento grande para sua família e, principalmente, para Ernesto. Provavelmente por ele ter se envolvido com a feitiçaria. Mas ela sabia que Deus era bom e não desamparava ninguém e continuou a orar e esperar para ver o que iria acontecer.

Horas mais tarde, a porta se abriu e os dois homens entraram.

– Chegou a melhor hora, garota. Fique quietinha que vamos amarrá-la.

Ingrid tentou correr, mas os homens logo a imobilizaram. Desesperada e com o coração descompassado, ela viu que eles colocaram um capuz em seu rosto, impedindo-a de ver o que quer que fosse. O silêncio se fez e ela percebeu que os homens haviam saído. Notou outra pessoa se aproximar e logo entendeu que era o "patrão". O que seria dela naquele instante? Amarrada, sem forças, nada poderia fazer.

O homem chegou mais perto e tocou seu braço. Ingrid percebeu quais eram as intenções dele. Começou a se debater, tentando dar chutes e mover as mãos, mas viu que era em vão. Ela chorava humilhada pela situação. Quando tudo terminou, ele se foi. Os outros homens voltaram, desamarraram-na e a jogaram no chão.

Nunca, em toda sua vida, ela pensou que isso fosse acontecer. Era a humilhação máxima para uma mulher. O que seria dela dali em diante? Certamente estava nas mãos de um psicopata que terminaria por matá-la. Não acreditava que um dia ele fosse se saciar e a libertar. Pela sua fúria, percebeu ser uma pessoa violenta e perversa. Ingrid chorou muito. De repente, enxugou as lágrimas e um pensamento pior lhe veio à mente. E se ela engravidasse?

Sentindo aumentar o desespero, ela voltou a chorar.

28

A aflição de Ernesto

Ernesto e a família de Ingrid continuavam desesperados. Os dias se sucediam e ninguém ligava para pedir o resgate. A polícia havia iniciado as buscas, mas nem um rastro, nenhuma pista, nenhuma testemunha. Parecia que o chão havia tragado sua esposa. O fato de não pedirem o resgate confirmava o que pai Wilton havia lhe dito, mas também se lembrava que ele dissera que Ingrid sofreria muito no cativeiro. O que estaria acontecendo com ela?

Naquele momento, Ernesto só não fez uma bobagem porque contava com o apoio de Marisa, Vanessa, Diego e seus pais, que vieram do interior para lhe dar forças. Numa tarde, avisaram a Ernesto que ele tinha visita. Foi com alegria que ele recebeu mãe Márgara. Após conduzi-la à sala, os dois, a sós, começaram a conversar.

– Espero que não tenha vindo aqui me dar lições de moral e dizer que estou sendo castigado por ter lidado com magia negra.

Sorrindo com delicadeza, a simpática negra respondeu:

– Não somos ninguém para julgar e nem acredito que você esteja sendo castigado. Vim para lhe dar forças e para dizer que tenho orado bastante por todos vocês desde que soube do que aconteceu pelos jornais. Também tenho uma mensagem do plano astral para lhe fornecer.

Os olhos de Ernesto brilharam. Sempre confiara muito em mãe Márgara, era uma mulher digna que trabalhava para o bem. Haviam feito trabalhos de desmanche juntos e percebeu que ela tinha muita força e poder sobre os espíritos inferiores. Se havia alguma mensagem para ele, certamente seria positiva.

– Uma amiga sua do outro plano manda lhe dizer que não se desespere, que sua esposa está passando por algo que ela mesma atraiu, e que você também precisava dessa dura lição para que pudesse voltar à espiritualidade. Ela vai retornar para o lar sem nenhum problema. Diz que está programado um sofrimento muito grande para você, mas que pode ser evitado caso se disponha a reparar pela inteligência e pelo amor. Pede que doe tudo o que conseguiu com a magia a entidades filantrópicas e pessoas carentes.

Ernesto ficou intrigado. Todos o aconselhavam a fazer a mesma coisa, mas ele não estava disposto a ficar sem sua fortuna por nada no mundo. Se Ingrid ia voltar para casa, ele não precisava fazer nada daquilo.

– Tudo bem, todos acham linda a pobreza e dizem que devo doar meus bens, mas isso não farei. O que importa é que minha esposa voltará para mim. Tudo o que ganhei foi com muito esforço, dei energias minhas, comprometi minha alma, é justo que fique com o dinheiro. Os umbandistas e os espíritas têm essa mania de fazer tudo de graça, mas sei que muitos médiuns espíritas estão vivendo do dinheiro de livros psicografados, então, como podem me mandar fazer o que eles mesmos não fazem?

Mãe Márgara ficou calada por alguns instantes, meditando, e depois respondeu:

–Você sabe que sou umbandista, mas conheço bem o espiritismo kardecista. Nós fazemos tudo de graça, sim. Nos terreiros de umbanda nada é cobrado, como também nada é cobrado em um centro espírita. Os voluntários estão lá para servir por amor, sem interesse. Em relação aos livros, cada um tem sua consciência e age como acha certo, não posso julgar.

– De qualquer forma, não me desfarei do que tenho.

–Você tem o livre-arbítrio, mas o que o fez ganhar dinheiro foi o trabalho para as trevas. Você interferiu na vida das pessoas, matou, roubou, feriu, separou. Eu quero o seu bem, por isso o aconselho pela última vez: esse dinheiro não serve, devolva à vida.

Ernesto pensou por alguns instantes e, para fugir à conversa, fingiu interessar-se pelo que ela disse antes.

–Você me disse que eu deveria voltar à espiritualidade. Quer dizer que devo ser espírita novamente ou umbandista?

– Ninguém precisa ser nada se não quiser. Voltar-se para a espiritualidade é viver no bem maior, acreditando na força da bondade, no otimismo, estar em contato com as forças da natureza e, principalmente, ser ético em tudo o que fizer. A propósito, o centro espírita que você frequentava passou por várias reformulações. Lá eles estão tentando ser espiritualistas independentes, com outras formas de conhecer a verdade. O Sérvulo aderiu aos novos conceitos da metafísica e tudo melhorou, tanto que o número de frequentadores aumentou, como também aumentou o número de pessoas que mudaram sua vida para melhor. Eles já não acreditam mais em carma, dívidas passadas, almas credoras etc... Seria muito bom você voltar.

– Prometo pensar. Mas sua visita hoje me fez muito bem, estou me sentindo sereno, em paz.

A conversa foi interrompida por Marisa, que entrou na sala com uma bandeja de biscoitos e chá. Todos começaram a conversar com mãe Márgara e, por alguns instantes, esqueceram-se do sequestro. Logo o telefone tocou e Diego foi atender. Todos perceberam que ele ficou com o rosto vermelho e suspeitaram ser algo sobre Ingrid. Diego passou o telefone a Ernesto, que atendeu:

– Vamos, digam, o que fizeram com minha mulher?

A grossa voz do outro lado da linha respondeu:

– O patrão manda lhe dizer que sua mulher é muito boa de cama e que está dando um bom trato nela – após gargalhar, o homem encerrou a ligação.

Ernesto caiu no sofá desalentado. Depois de contar tudo o que ouviu, começou a soluçar. Diego o abraçou e lembrou:

– O telefone está grampeado pela polícia. Logo vão saber de onde vem a ligação.

Vanessa também abraçou o cunhado e disse:

– Fique calmo, tudo vai passar. Com o número do telefone, certamente chegaremos mais próximos do sequestrador.

– Enquanto isso, minha mulher está lá sendo estuprada por esse miserável. Se eu pudesse, o mataria com requintes de crueldade.

Mãe Márgara interferiu:

– É bom conter esses impulsos violentos. Quem sabe você não atraiu isso justamente para trabalhar esse seu lado?

– Mãe Márgara – dizia Ernesto ajoelhado e chorando –, eu não era assim, era uma pessoa boa, honesta, vivia para minha religião, minha família, meu trabalho. Mas a vida me tirou tudo e me transformei neste monstro.

– Não tente se iludir. Ninguém que é verdadeiramente bom fica ruim de uma hora para outra ou por qualquer fato que seja. É muito fácil ser bom quando nada nos atinge. Por isso a vida manda desafios, para que possamos nos testar em nossa bondade, em nosso amor ao próximo e por nós mesmos. Quem cai e pende para o lado do mal é porque nunca foi bom de verdade, mas só aparentemente. É preciso cuidado ao declarar que somos missionários, que temos virtudes, que somos os eleitos e enviados. Todos somos, sim, espíritos cheios de pontos fracos que a vida vai trabalhar para fortalecer, é para isso que surgem os problemas em nossa vida. Quando um ponto fraco nosso fica evidente, a vida manda um desafio para que possamos vencê-lo e evoluir. Procure aprender com essa situação que ninguém neste mundo é completamente bom ou mal. Quase todos nós ainda estamos trafegando entre essas duas polaridades, que na verdade são faces de uma mesma moeda: o bem maior.

Todos se admiraram com a sabedoria daquela mulher. Ernesto levantou-se e sentiu-se com novo ânimo. Mãe Márgara tinha razão, ele se iludira quanto a si próprio. Mas sempre havia a hora de mudar e ele prometeu, naquele instante, que iria tentar.

29

A gravidez

Os dias se passaram e tudo o que a polícia conseguiu descobrir foi que a ligação havia sido feita de um orelhão no bairro da Penha. Fizeram uma investigação no local, mas constataram que nada achariam ali. De qualquer forma, as investigações continuariam.

Com o tempo, Diego e Vanessa, que passaram a praticamente morar na mansão de Ernesto, voltaram para casa. Já não havia tanta necessidade de estarem ali. Dona Marisa e dona Lúcia se ajudavam mutuamente e consolavam Ernesto. Havia também seu Anselmo, que cada vez mais se penalizava com a situação do filho e, sem saber como ajudar, ficava quieto em um canto orando. As crianças choravam muito pedindo a mãe, mas, com os cuidados das avós, acabaram por se acostumar. E assim o tempo foi passando...

O "patrão", como era chamado pelos homens que vigiavam Ingrid, todos os dias, no mesmo horário, vinha visitá-la e a estuprava. Depois deixava um balde com água, bacia, sabonete e toalha para que ela tomasse banho. Os dias passavam e ela não aguentava mais a situação. Não dormia direito pensando nas filhas, no marido que tanto amava, na mãe, na irmã e até mesmo em Diego. Como era feliz! Por que a vida estava fazendo isso com ela?

Logo começou a se encher de olheiras e uma palidez grande cobriu todo o seu rosto. Começou a ficar enjoada e não conseguia comer direito. Desesperada e quase sem razão, descobriu que estava grávida de seu algoz. Ela conhecia os sintomas e sabia que estava esperando uma criança. Chorou muito. Depois de muito pensar, tomou uma decisão que talvez viesse a tirá-la dali.

Quando o homem entrou e começou a tirar sua roupa. Ela gritou:

– Não pode mais fazer isso, estou grávida!

O homem parou, vestiu a roupa e saiu. Logo depois, os outros dois homens entraram e tiraram o capuz preto que cobria seu rosto.

– Quer dizer que está grávida, não é?

– Sim, estou. Preciso sair daqui. Por favor, me tirem dessa situação! – ela implorava.

Um dos homens riu muito e falou:

– O patrão disse que gostou muito de sua gravidez, que Ernesto vai criar um filho dele e nunca saberá quem é o pai. Mas disse que, a partir de hoje, não vai usá-la mais, que já se saciou. Vai esperar alguns dias para libertá-la.

Ingrid, percebendo que eles estavam dispostos a conversar, continuou:

– Por que o patrão de vocês nunca fala nada? Nunca escutei sua voz.

– Nosso patrão ficou mudo por causa de uma magia que seu marido fez para ele. Comunica-se conosco por sinais. Não vê que isso aqui é uma vingança?

Ingrid ficou estarrecida. Então era realmente o que ela imaginava. Alguém que fora prejudicado pelos feitiços de Ernesto estava agora se vingando. Mas, por outro lado, ele dissera que ia libertá-la. Finalmente estaria livre daquele tormento. O que faria com aquela criança? Certamente Ernesto não ia querer e iria exigir um aborto. Era também o que, no íntimo, ela queria, mas não tinha coragem para fazer. Pensaria naquilo depois. Por um lado não desejava ter um crime como o aborto pesando em sua consciência, por outro, toda vez que olhasse para a criança, se lembraria de tudo o que passou naquele lugar horrível.

Os homens começaram a cochichar baixinho, mas Ingrid percebeu o teor da conversa. Vendo que ela havia escutado, um deles disse:

– É isso aí gracinha, o patrão não a quer mais, mas nós queremos. Como não usufruir de uma beldade como esta?

Começaram a tirar sua roupa e um de cada vez a estuprou. Quando tudo terminou, Ingrid simplesmente sentou-se de cócoras no chão e deixou um imenso vazio tomar conta de seu peito. Já não se importava com as tarântulas, ratos e baratas que passavam sobre seus pés. Ficou ali, remoendo aqueles instantes como os piores e os mais traumáticos de sua existência.

Fazia três meses que Ingrid havia sumido sem deixar pistas. Ernesto passou do desespero à apatia, entrou numa depressão profunda, ficava horas deitado na cama com os olhos fixos no teto. De repente, aquela casa luxuosa, com tudo o que havia do mundo moderno, seus carros e imóveis perderam todo o valor. Aliás, para ele nada mais tinha valor. Nem com as filhas brincava ou as acariciava.

Vendo-o assim, dona Lúcia comentou com Marisa:

– Só o presenciei nesse estado quando perdeu a esposa Mariana e as filhas. Temo que faça alguma bobagem, como tentar o suicídio.

Marisa retorquiu:

– Ele não fará isso. Aquela médium, a mãe Márgara, o tem ajudado bastante. Ela garante que Ingrid vai voltar sã e salva para o lar. É isso o que me dá forças como mãe e o ajuda a continuar vivendo.

– Nós, mães, sofremos junto com os filhos, é inevitável. Eu mesma perdi dois de uma vez. Nunca senti uma dor tão imensa, mas essa perda me ensinou que não somos donos dos nossos filhos, que a qualquer hora a vida pode traçar outros rumos e nos separar. Conformei-me e, com isso, ajudei o Anselmo a se conformar também. Os filhos morreram sem estar bem com ele. Foram para o outro mundo sem o perdão do pai. Devem ter sofrido muito.

– Eu acredito que a vida continua. Minha família é descendente de bruxas, mas bruxas do bem. Mulheres que descobriram as forças ocultas da natureza e as utilizavam em vários rituais para a saúde, a prosperidade e a paz entre os povos.

– Nossa, Marisa, você não parece uma bruxa.

Elas sorriram. Marisa continuou.

– Eu praticava também, mas casei-me com um homem cético, que me proibiu e eu parei. Tanto que nem ensinei nada às minhas duas filhas sobre o assunto.

– Mesmo assim, Vanessa e Ingrid parecem mulheres fortes, independentes. Você as educou bem.

– Fiz o que pude. O pai delas me deixou logo que a Ingrid nasceu. Fui mãe e pai dela. Ambas deram sorte, encontraram homens bons, sinceros e que as amam. Estou feliz por elas.

–Você ainda é jovem e muito bonita, não pensa em se casar outra vez?

Marisa olhou fixamente para dona Lúcia, ao responder:

– Não sinto necessidade. Sou muito feliz como estou. Morando aqui, ajudando a criar minhas netinhas, trabalhando com costura como gosto, viajando para onde quero. Sinto-me completa. A sociedade fica querendo empurrar homem para a gente, como se essa fosse a única forma de ser feliz.

Dona Lúcia corou.

– Não falei por mal. É que acho que a gente só se completa mesmo com outra pessoa. Eu mesma, se ficar viúva, não sei como farei.

– Sei que não falou por mal, e até acredito que é ótimo ter alguém, mas cada coisa na sua hora e na sua forma. Acho que meu momento agora é o de ficar sozinha.

As duas sorriram e foram tentar, mais uma vez, ajudar Ernesto.

30

O psicopata

Ingrid começou a se desesperar, pois estava ouvindo passos que certamente seriam dos homens que a violentaram. Se aquela situação continuasse, ela acabaria por enlouquecer, pois seu estado mental havia chegado ao limite do equilíbrio.

Os passos se aproximaram da porta, e logo os mesmos homens asquerosos estavam à sua frente. Dessa vez nada falaram, já foram amarrando-a, tirando a roupa dela e as deles também. Quando iam começar, Ingrid, mesmo desesperada, viu outro homem com o rosto coberto por um capuz e luvas nas mãos entrar no pequeno quarto e, ao flagrar a cena, sacou de um revólver e atirou nos dois, que caíram mortos. Ela percebeu ser o "patrão", que, sentindo-se traído por seus comparsas, vingara-se com a morte.

O homem misterioso trancou a porta, deixou os dois corpos jorrando sangue no chão e saiu, não sem antes desamarrar Ingrid. Olhando aqueles dois cadáveres estendidos à sua frente, ela teve náuseas. Nunca imaginou passar por uma situação como aquela. Agora tinha certeza de que estava mesmo nas mãos de um perigoso psicopata, que por certo não a deixaria viva.

Mesmo com todo o desespero, conseguiu orar pedindo a Deus auxílio para que, pelo menos, pudesse ver Ernesto e as filhas antes de morrer. Nessa hora, sem que percebesse, o espírito de Mariana dizia ao seu ouvido: "Fique calma, Deus está à frente de tudo e logo sua situação será resolvida. Tenha fé!"

Ela sentiu uma calma inexplicável, sentou no fino colchão e procurou não olhar os homens caídos à sua frente.

O homem encapuzado, responsável por tudo o que estava acontecendo, saiu do porão onde Ingrid estava, tirou as luvas, o capuz e passou por uma grande sala malconservada. Era uma casa antiga e grande, cheia de quartos, circundada por um jardim maltratado, cujo mato passava de um metro. O homem passou por uma trilha sem observar a beleza da lua, que iluminava a paisagem da Terra. Abriu o portão, fechou-o com cuidado e andou alguns passos, quando percebeu que as luzes de vários carros se acenderam e que estava cercado por policiais. Naquela hora, arrependeu-se de ter deixado a arma na casa. Tentou correr, mas ouviu a voz do delegado:

Sr. Diego, renda-se. Está preso.

Diego sentiu que chegara ao fim. Sem arma, ainda tentou lutar com os policiais, mas eles eram muitos e o imobilizaram. Uma lanterna iluminou bem seu rosto e ele pôde ver Vanessa e Ernesto, que o olhavam com muito ódio. Não disse nada, estava perdido.

Os policiais entraram na casa, arrombaram as portas até que chegaram ao porão. Ernesto os acompanhou. Ao encontrar a esposa, abraçou-a e ambos choraram de emoção. Ingrid contou tudo o que acontecera e foi levada ao hospital, devido ao seu estado debilitado, enquanto todos os outros foram para a delegacia. Houve tumulto, pois Vanessa e Ernesto insistiam em ouvir todo o depoimento de Diego.

O delegado Arthur começou a interrogá-lo.

– O senhor não pode negar, é evidente que foi o mentor disso tudo. Para facilitar as coisas, diga tudo, desde o começo, como e por que fez isso

Vanessa, com os olhos inchados de tanto chorar, não se conteve.

– Eu só quero entender o motivo. Nós éramos felizes, temos dois filhos lindos. Como nunca percebi o monstro que você é?

O delegado interveio:

– Calma, senhora, deixe seu marido falar.

Ela obedeceu e Diego começou:

– Sou inocente. Estava naquela casa tentando negociar com os sequestradores de Ingrid.

– O que nos diz dessa ligação?

Um gravador foi ligado e ouviu-se a voz clara de Diego dizendo:

"Cuidem bem de Ingrid, não vou usá-la mais, amanhã a libertarei."

"Sim, senhor Diego. Tudo como o combinado. E o resto do pagamento?"

"Amanhã à noite irei até aí e acertaremos tudo."

Diego ficou vermelho. Como poderiam ter gravado aquilo?

– Está surpreso? Pois nós, da polícia, já não nos surpreendemos com nada. Antes do seu depoimento, peço a Vanessa que nos conte como conseguimos esta gravação. Está em condições?

Limpando os olhos, ela respondeu:

– Sim. Farei tudo o que for preciso para ver esse monstro atrás das grades.

Há poucas semanas, comecei a desconfiar do comportamento do Diego. Notei que mentia para mim dizendo estar no hospital, quando, na verdade, não estava. Em casa temos um porta-chaves e percebi que as da casa de uma tia falecida dele haviam desaparecido. Era uma casa antiga na Penha, que ela deixou para o sobrinho, mas nós nunca quisemos ir morar lá. Vivia abandonada, Diego não mandava cuidar.

Pensei que ele pudesse estar me traindo. Então, um dia, sem dizer nada a ninguém, resolvi segui-lo e vi quando entrou na casa. Nada pude fazer a não ser esperar que a suposta amante chegasse ou ele saísse com alguém, mas isso não aconteceu. Algumas vezes ele saía sozinho, outras com dois homens que eu não conhecia.

Horrorizei-me ao imaginar que ele estivesse mantendo relações homossexuais, contudo fiquei calada observando. Um dia, percebi que ele atendeu um telefonema e falava baixinho. Escondi-me num canto e, com muito esforço, consegui escutar parte da conversa.

"Já não disse para não ligarem para cá? O quê? Ingrid desmaiou? Mantenham-na presa, como sempre, e quando acordar obriguem-na a comer. Logo a libertarei. E jamais liguem novamente para cá. Se quiser me comunicar com vocês, usarei o orelhão de sempre. Sei que ninguém jamais desconfiará de mim, mas não é bom arriscar. Se algo der errado, vocês também estão em cana."

Quase desmaiei ao constatar que meu marido era o responsável pelo sequestro de minha irmã. Parecia que estava sonhando e que, a qualquer instante, iria despertar. Felizmente, Diego não me viu dentro de casa e achou que eu tivesse ido às compras. Logo depois saiu. Abraçada com Marquinhos, chorei muito. Em minha mente só vinha uma pergunta: por quê? O que levou Diego a um ato como aquele? Minha vida havia acabado naquele momento. Contudo, outra vida estava em jogo e era a de minha irmã, mas eu não poderia provar nada. Assim que ele regressou, pedi que ficasse com as crianças e vim aqui relatar tudo o que tinha escutado. O delegado pediu calma, pois, se invadissem a casa, Ingrid correria risco de morte, deveriam agir com cautela e obter uma prova concreta. A polícia o seguiu e grampeou o orelhão do qual ele fazia as ligações. Assim obtivemos esta prova.

Vanessa começou a esmurrar o marido e a gritar:

– Por quê? Por quê?

Alguns policiais a seguraram e pediram calma. Ernesto, a um canto, olhava sinistramente para Diego. Se pudesse voltar aos seus rituais de magia, faria um para ele morrer. Foi então que o rosto de Diego começou a se transformar. Do vermelho intenso, foi ficando pálido e com expressões de riso. Ele começou a rir, chegando mesmo a gargalhar.

– Tolos, idiotas, imbecis. Você, Vanessa, é a maior das imbecis! Fui eu sim. Sequestrei Ingrid, usei-a sexualmente até quando quis, ou melhor, até quando ela engravidou.

Ao ouvir aquilo, Ernesto empalideceu. Foi preciso muita força dos policiais para que ele não matasse Diego ali mesmo. O delegado interveio:

– Vou tomar o depoimento do senhor Diego. Peço que se retirem.

Vanessa e Ernesto imploraram para ficar, pois queriam e tinham o direito de saber o que motivou Diego, um homem equilibrado, bom pai e marido, a fazer uma coisa daquelas. O delegado, percebendo a situação dos dois, concedeu permissão. Então Diego começou a narrar.

– Ingrid foi a grande culpada de tudo. Um dia, quando entrei no meu quarto, encontrei-a seminua debaixo dos lençóis. Fiquei surpreso, mas minha cunhada revelou estar apaixonada por mim. Foi provocante e quase me levou ao delírio naquele momento. No entanto, dei uma de moralista e a mandei embora. Ela insistiu e percebi que estava disposta a destruir a família da irmã para ficar comigo. Nos dias que se passaram, procurei evitá-la e não dar mais importância ao ocorrido, mas, com o tempo, passei a sentir um desejo louco de tê-la em meus braços. Tentei lutar contra esse impulso, mas ele foi ficando mais forte que eu e passou a ser uma obsessão.

Quando ela revelou estar apaixonada e querendo se casar com outro, fiz um esforço enorme para não mandar às favas minha vida, meu casamento e tudo o mais para ficar com ela. Tinha desejo, mas não tinha coragem. Pensando bem, não queria abandonar minha mulher, só queria tê-la como amante. Tive de disfarçar ao máximo o ciúme ao vê-la se casar com Ernesto e ainda ter de participar da vida dos dois. Foi daí que surgiu o plano do sequestro. Armei tudo meticulosamente. Iria realizar meu desejo sexual e, quando me saciasse, entregaria Ingrid para o maridinho sem que ninguém soubesse quem, na verdade, fora o autor de tudo. Contudo, quanto mais a possuía, mais meu desejo aumentava, era uma chama que parecia me queimar por dentro. Quando descobri que ela estava grávida, percebi que era hora de parar e libertá-la.

Ele fez uma pausa e prosseguiu, olhando para Vanessa:

–Você foi tão idiota que não percebeu nada. Sua irmã é uma traidora, se pudesse teria destruído sua vida. Quando cheguei à casa, os meus ajudantes estavam tentando abusar de Ingrid. Louco de ciúme, matei-os sem piedade. Naquela hora, percebi que estava perdidamente apaixonado por ela. Se não poderia ser minha, não seria de mais ninguém. Eu a usaria outras vezes até chegar a hora de por fim à sua vida.

Todos ficaram surpresos demais para comentar alguma coisa. Estavam na frente de um doente mental. O escrivão registrou tudo e Diego foi levado para a cela. O delegado pediria sua transferência imediata para um presídio onde aguardaria julgamento.

Naquela noite ninguém conseguiu dormir. A decepção foi grande para todos. Diego nunca se mostrara um desequilibrado, ninguém conseguia se conformar.

Ernesto foi ao hospital onde Ingrid estava internada e lá ficou sabendo que ela havia abortado espontaneamente a criança. Isso o aliviou bastante, pois ele jamais criaria o filho de um monstro como Diego e faria a mulher abortá-lo de qualquer maneira.

Ingrid ainda permaneceu alguns dias no hospital, fez diversos exames e só depois regressou para casa. Felizmente, o pesadelo havia passado, mas deixaria marcas em todos para sempre.

31

A importância da fé

Vanessa estava muito triste naquele fim de tarde. Desde o dia em que Diego foi detido, ela se mudou com os filhos para a casa da irmã, pediu licença do trabalho e passava a maior parte do dia ruminando os últimos e trágicos fatos de sua vida.

Seu marido, após exames médicos, foi dado como psicopata *frio de ânimo* e, desde então, permanecia em um manicômio judiciário. Como ela nunca percebera que convivia com um doente mental? Fez esta pergunta ao psiquiatra que cuidara do caso e ele respondeu:

– Os psicopatas são pessoas completamente sociáveis e podem levar uma vida normal durante muito tempo, até que algum fato concorra para desencadear o transtorno. No caso do seu marido, a doença estava em gérmen até o dia em que sua irmã a despertou. Foi um ato impensado, procure perdoá-la. Além do mais, a psicopatia é uma moléstia mental congênita e qualquer dia seu marido acabaria por desenvolvê-la.

Vanessa entendia um pouco de psiquiatria e sabia que o médico falava a verdade, por isso não culpou a irmã. Sabia que Ingrid amava Ernesto e que o que ocorrera com Diego foi um fato movido por impulso. Todavia, mesmo sabendo do estado em que ele se encontrava, ela não deixara de amá-lo. Sabia que os psicopatas não tinham cura, e ela, que possuía uma vida tranquila e feliz, de repente viu tudo desmoronar.

Estava chorando quando viu mãe Márgara entrar. Ela vinha ajudando Ingrid no tratamento psicológico que estava fazendo. Sua irmã ficara muito traumatizada por tudo o que vivenciara e, além de um psicólogo, estava sempre conversando com a simpática senhora.

Vanessa levantou-se do sofá e foi abraçá-la.

– Percebi que estava chorando. As lágrimas costumam lavar a alma, mas em demasia são prejudiciais, mostram que não estamos aceitando os desígnios da vida.

Vanessa prorrompeu em pranto.

–Vamos sentar, fique calma e pense em Jesus. Feche os olhos e faça uma prece.

Ela obedeceu e, quando se sentiu mais calma, agradeceu.

– A senhora veio ajudar Ingrid e acabou ajudando-me também. Tem horas que sinto que não vou aguentar.

–Você precisa ser forte. Há duas crianças que necessitam do seu apoio, da sua alegria e da sua segurança para crescer bem e com saúde.

Ela fez uma expressão triste.

– É muito difícil ser forte numa situação como essa, parece que uma parte de mim morreu. Saber que meu marido é portador de uma doença incurável e que, apesar de tudo, continuo amando-o como sempre, sem poder estar ao seu lado, é desolador.

– Não acredito que a doença de seu marido seja incurável. Você sabia que não existe doença incurável?

– Como não? É o que diz a psiquiatria. Os psicopatas não têm cura.

– A medicina é uma ciência que tem ajudado muito o homem, tem evoluído, mas, infelizmente, ainda não atentou para a realidade do espírito, para a imortalidade da alma. Por isso, frequentemente se engana e comete muitos erros. Aprendi com os espíritos que temos uma força mental muito grande, que, aliada às forças astrais, pode curar qualquer doença. Os transtornos mentais são geralmente de difícil tratamento, porque seus portadores são resistentes em mudar o comportamento, além de serem, em grande parte, envolvidos por espíritos obsessores. Mas não há um doente mental, por pior que seja, que não tenha sua hora de lucidez, e é nesse instante que pode trabalhar na própria cura. Creia, seu marido poderá ser curado e você ainda pode ser feliz.

– Como acreditar nisso quando todos dizem o contrário?

– O mundo anda sofrendo da pior doença que existe: o pessimismo. É ele que atrai o sofrimento existente em nosso planeta. Você tem a chance de acreditar e lutar pela cura dele ou optar pelo mal, se entregando e deixando as coisas como estão.

Vanessa sentiu um calor gostoso invadir seu peito.

– Então posso lutar pela cura do Diego?

– Pode e deve. Primeiro, precisa ligar-se com as dimensões de luz por meio da prece. Depois, todas as noites deve visualizá-lo bem e com equilíbrio mental. Essas técnicas criam energias que o alcançarão, trabalhando em sua recuperação. Para Deus nada é impossível. Os homens, sim, é que acham que não têm capacidade para conseguir a felicidade. Lutam sozinhos, não fazem de Deus seu aliado. Se assim o fizessem, nada lhes seria impossível.

– A senhora diz coisas interessantes, mas será que na prática funcionam?

– Tenho certeza de que sim, e você poderá testar e comprovar. Pode demorar para que seu marido se recupere, mas nunca duvide de que isso possa acontecer. Todos nós corremos o risco de adoecer, visto que temos atitudes que desequilibram nosso espírito e nos fazem mal. No entanto, se Deus dá o mal, dá também o remédio. Os distúrbios mentais são demorados porque a criatura precisa ir fundo em seu mundo interior, rever uma série de crenças negativas e mudá-las, para novamente encontrar o equilíbrio. Mas todos podem se curar.

– Os médicos dizem que os psicopatas nascem sem a parte do cérebro responsável pelo juízo do que é certo ou errado. Como curar uma pessoa assim?

– Os médicos ignoram que quem modela o corpo físico é o perispírito. Se Diego conseguir introduzir um pouco de positivismo em sua alma, ajudado pelos próprios espíritos, essa parte do cérebro poderá ser recuperada. Daí dirão que é um milagre.

Vanessa ainda duvidava.

– Será mesmo que isso é possível?

– Tudo é possível nesta vida, a natureza tem leis que ignoramos e que podem reconduzir qualquer corpo ao seu estado natural de saúde. Ore, acredite, tenha fé e toda sua vida se modificará.

– Tenho medo de que ele não se recupere e que eu o continue amando mesmo assim. Tento tirar esse sentimento de meu coração, mas não consigo.

– Não precisamos deixar de amar as pessoas apenas porque elas não estão do nosso lado ou porque não nos correspondem. O amor verdadeiro simplesmente existe. Embora a presença da pessoa amada seja desejável, sua ausência não impede que o sentimento continue fluindo e causando bem-estar a quem o sente.

Vanessa abraçou mãe Márgara, que pediu licença e foi para o quarto de Ingrid. Aquele fim de tarde, que parecia um pesadelo, transformou-se em um momento de esperança e tranquilidade. Intimamente Vanessa orou em agradecimento a Deus.

Mãe Márgara entrou no quarto e encontrou Ingrid distraída, brincando com as filhas. Ao vê-la chegar, pediu a Fátima que levasse as crianças para baixo, pois queria estar a sós com a nova amiga, que tanto a estava auxiliando.

– Que bom que veio. Sinto-me bem com sua presença. Outro dia falei a Ernesto que tenho melhorado mais com as conversas que tenho com a senhora do que com o psicólogo.

Mãe Márgara sorriu, mostrando os dentes bonitos e brancos.

– Também gosto muito de conversar com você, é inteligente e aprende tudo com facilidade.

Ingrid fez um ar sério e disse:

– Hoje eu gostaria de ter outro assunto com a senhora. Até aqui tenho aprendido a me desligar dos pensamentos traumatizantes e a me ligar com as boas energias, mas há uma questão que tem me inquietado e chegou a hora de perguntar.

– Se poderei responder não sei, mas vamos tentar – disse a interlocutora, rindo amavelmente.

Ingrid respirou fundo e começou:

– Sei que vocês que lidam com espíritos têm respostas para muitos dos nossos problemas. O que mais desejo saber é por que tive de passar por uma experiência tão dura. A senhora acha que fui má na outra vida e por isso tive de sofrer?

– Minha filha, o passado pouco ou nada interfere em nossa vida quando o assunto é sofrimento. Sofremos mesmo é pela vida presente. Seja sincera comigo. Você se culpava por ter tentado destruir a vida de sua irmã?

Os olhos de Ingrid se encheram de lágrimas.

– Sim, muito. Depois que percebi a loucura que cometi, fiquei muito envergonhada perante Diego e Vanessa. Mas só me arrependi mesmo, depois que me apaixonei por Ernesto. Esse arrependimento, aos poucos, foi se transformando em uma culpa muito grande. Ficava imaginando, se Diego tivesse cedido às minhas investidas, como hoje estariam Vanessa e os filhos pequenos? Sentia alívio quando ele falava comigo e se mostrava amável, como se houvesse me perdoado. Mas eu mesma não havia me dado o perdão. Quanto mais Diego me tratava bem, mas eu me sentia mal, envergonhada e pensava que tinha agido como uma prostituta.

– Então está explicada a causa do que lhe aconteceu. A culpa e o remorso atraíram tudo o que você vivenciou.

– Como? Só uma culpa é capaz de fazer tudo isso? Não devemos nos arrepender?

– Não foi isso que quis dizer. Arrependimento sincero, desejo de mudar, de reparar com amor e inteligência nada têm a ver com a culpa ou o remorso. Quem se arrepende de verdade não se culpa, sabe que fez o melhor que pôde no momento e vai consertar seu desacerto com inteligência, sem sofrimento. A culpa nos faz mal e nos impinge castigos desnecessários, que nada têm a ver com Deus, que é soberano e jamais pune.

Ingrid percebeu que ela tinha razão.

– Gostaria que a senhora me levasse a seu terreiro. Quero conhecer mais essa filosofia que tanta sabedoria lhe dá.

–Você será muito bem-vinda lá, mas fui informada que tanto seu caminho quanto o de Ernesto é o espiritismo.

– Duvido! Ele nem aceita que se fale que um dia foi espírita.

– As coisas mudam e o tempo transforma as pessoas. Ernesto, um dia, voltará ao aprisco do Pai e você irá junto com ele, ambos escolheram isso antes de nascer.

– Mesmo assim, quero conhecer melhor seu trabalho. Minha mãe também era umbandista praticante, mas acabou abandonando.

– Conheço a história de sua mãe. Talvez o caminho dela também seja a doutrina espírita, mas quanto menos procurarmos rótulos, melhor. Se fizermos as contas, a religião fez muito mais mal do que bem à humanidade. Em nome dela matam, roubam, lavam consciências, enganam, criam-se pessoas hipócritas, rituais e exemplos de santidade que estão fora da natureza. Faço meu trabalho, mas não gosto de me intitular umbandista, sou uma pessoa espiritual e só. A forma como trabalho, como lido com os outros, não importa, o que vale mesmo é o resultado.

Ingrid, a cada dia, admirava mais mãe Márgara. Estava mais radiante, alegre e feliz. Decidiu que não iria mais ao psicólogo. Descobrira como tinha atraído seu sofrimento e, a partir dali, iria mudar.

A noite chegou e, quando Ernesto adentrou o lar, sentiu logo o clima de harmonia. Todos na sala de estar estavam folheando revistas, lendo, vendo TV. Logo pensou: "Finalmente a paz parece ter voltado a reinar".

Deu um beijo na esposa e subiu para tomar um banho. Enquanto a água morna deslizava sobre seu corpo, ele foi relaxando até que, sem perceber, adormeceu debaixo do chuveiro.

Seu espírito foi desdobrado e logo ele percebeu Germano e mais dois espíritos ao seu lado.

– Prepare-se. Não pense que o sequestro de sua mulher foi castigo de Belzebu, aliás, ele desistiu de castigá-lo. Está sabendo do que brevemente vai lhe acontecer e já acha o suficiente. Você pagará por tê-lo traído.

Ernesto, a princípio atordoado, logo começou a escutar o que eles diziam e, desesperado, perguntou:

– Digam logo o que é. Não aguento mais essa tortura. O que pode ser pior do que eu perder mais uma vez minha família?

Germano gargalhou.

– Você não vai perder sua família. Pelo visto, eles viverão muito. Mas há coisas bem piores do que isso e logo você saberá o que é.

Ernesto encheu-se de ódio.

– Eu sabia que Deus iria me castigar. Se não é Belzebu, é Ele.

– Deve ser mesmo. Agora já vamos, perdemos tempo demais com você.

Os espíritos sumiram chão adentro, e Ernesto rapidamente foi atraído pelo corpo. Não se lembrava com clareza o que tinha se passado, mas começou a sentir uma inexplicável angústia.

32

Tempo de perdão

A morte de Arnaldo, repentina, sem que houvesse tempo para despedidas, consternou a todos. Eduardo, com sua fé na espiritualidade, conseguiu sair do desespero que tomou conta de seu ser ao ver o pai sendo cremado e logo voltou ao equilíbrio de sempre.

Arlete e Lucrécia demoraram mais para se acostumar com a perda. A primeira, por sentir que havia sido uma filha relapsa, que pouco ou nada se importara com o pai. A outra, por saber que não mais veria o homem que fora seu companheiro durante vinte e sete anos e com o qual tivera dois filhos. Apesar de estar já conformada com a separação, ela ainda o amava muito. Naquele momento, pensou que Deus a havia conduzido ao espiritismo com o intuito de prepará-la para esse momento.

Alice, a princípio, ficou inconsolável, mas já estava aprendendo muito a respeito da vida após a morte e, com a ajuda de Magali e dos amigos do centro espírita, conseguiu se reerguer. Poucos dias após o ocorrido, retirou seus pertences do apartamento e foi entregar as chaves a Eduardo.

– Acho que não tem mais sentido ficar lá. Além de não ter direitos, foi o lugar onde vivi até agora os melhores momentos de minha vida, sofrerei se tiver de ficar. Aqui estão as chaves.

Estavam todos na mansão e Eduardo, com o molho na mão, sentiu os olhos marejar. Olhou para sua amada e fez o que seu coração mandou.

– Não quero estas chaves, elas pertencem a você. Vamos legalizar tudo para que aquele apartamento fique em seu nome e que você possa permanecer nele o tempo que achar conveniente ou até vendê-lo.

– Sinto muito, Eduardo, mas não posso aceitar. O que mais quero agora é retornar para a casa de meus pais e tocar minha vida. Eu trabalho, mas não ganho o suficiente para pagar as despesas de condomínio e as demais contas de um imóvel como aquele. Além disso, tenho motivos pessoais para não estar lá e que já mencionei.

Eduardo insistiu.

– Mas não é justo que você saia da vida de meu pai sem ter ganhado nada.

– O que eu queria sempre obtive: o amor dele. Esse, para mim, foi o meu maior prêmio. O resto não tem importância.

Lucrécia, a um canto, olhava cada gesto de Alice e pôde perceber que ela estava sendo sincera. Resolveu intervir.

– Eduardo, deixe disso. Alice já mostrou que é íntegra, que não era a interesseira que eu imaginava. Se não quer o apartamento, é um direito dela.

Alice olhou para Lucrécia e falou:

– Eu sinto muito, senhora, se sofreu com o meu relacionamento com seu marido. Saiba que jamais me envolveria com ele se não fosse por amor. Tenho aprendido no espiritismo que o adultério tem um preço alto em dor e sofrimento, mas no meu caso foi por um sentimento nobre, sei que Deus me perdoará por isso. O que desejo, agora, é sinceramente pedir o seu perdão.

Lucrécia deixou lágrimas grossas escaparem de seus olhos. Ambas se abraçaram.

– Você está perdoada. Também tenho aprendido muito sobre a vida. Creio mesmo que nem tenho do que lhe perdoar. Mas é bom saber que não guardo, há muito, nenhum ressentimento contra você. Quero que Deus abençoe sua vida e que você seja muito feliz.

Arlete e Eduardo estavam emocionados com a cena. Ao fim, Eduardo se manifestou:

– A força do perdão é muito grande. Caso uma das duas guardasse alguma mágoa, ficaria uma situação mal resolvida, que voltaria, mais cedo ou mais tarde, para uma solução, só que de forma muito mais complicada e dolorosa. A vida não deixa nada incompleto. Quanto mais perdoamos nossos desafetos, mais nos libertamos das amarras do sofrimento.

Alice disse que estava com um táxi à sua espera, mas Eduardo insistiu em levá-la em casa. O táxi foi dispensado e, já no carro, enquanto conversavam, vez por outra seus olhos se cruzavam. Alice não queria se deixar levar pelo que estava sentindo por Eduardo desde o dia em que ele se declarara, mas parecia que não estava conseguindo controlar. Foi um alívio quando desceu do carro e entrou em casa.

Após desarrumar as malas e pedir a Diva que arrumasse suas roupas no antigo quarto, Alice entrou no banho. Minutos depois, quando saiu, deparou-se com Carmem à sua frente.

– Pensei que não fosse mais sair desse banho.

– Você me conhece bem, mãe, sabe que meus banhos são demorados.

Carmem fez ar de mofa e foi direto ao que queria conversar.

– Estou preocupada com você, Alice. Aliás, preocupada não, muito preocupada.

Carmem mexia os olhos nervosamente, e Alice não entendia o porquê de tamanha preocupação. Observou que a cada dia sua mãe se vestia de maneira mais indecente, carregava na maquiagem, querendo parecer garotinha.

– Qual o motivo de sua preocupação?

– E você ainda pergunta? – gritou Carmem com voz estridente.

– Sim – disse Alice, calmamente. – Não entendo por que se preocupa comigo. Voltei a trabalhar, ganho relativamente bem, estou pensando em me pós-graduar, tenho saúde. O que há de errado comigo?

– Como você é ingênua! Acha que isso é o suficiente? Estou preocupada com sua vida afetiva. Praticamente ficou viúva de um homem casado, foi desonrada por ele, passou a desfilar com o amante por toda a São Paulo. O que pensa da vida? Que homem vai levá-la a sério depois de tudo isso?

Alice não acreditava no que ouvia. Logo sua mãe pensar uma coisa como aquela. Ela não deveria estar em seu juízo normal.

– Não estou me importando com o que pensam de mim. Arnaldo foi o único homem a quem amei de verdade e, por ora, nem cogito a possibilidade de me relacionar com outra pessoa. Vou me dedicar aos estudos e ao trabalho. O dia em que o amor aparecer será bem-vindo.

Carmem soltou uma gargalhada.

– E quem vai querer uma mulher que já foi caso de homem casado? Estou preocupada porque temo que termine sozinha. Uma moça que faz o que você fez nunca mais é levada a sério por um homem. Bem que eu tentei avisá-la quando tudo começou, mas você nem quis ouvir.

Alice irritou-se. Quem era Carmem para falar aquilo?

– A senhora não me avisou coisa alguma, e até me incentivou porque Arnaldo era engenheiro famoso e rico. Além disso, vive uma relação horrorosa com papai, paga garotos de programa para ter sexo, não é a pessoa mais indicada para me dar conselhos.

– Petulante, hein? Vou fingir que não me ofendeu e dizer o que realmente quero com essa conversa.

Alice mandou que ela falasse logo, pois queria se vestir e estava apressada.

Carmem revirou os olhos, piscou duas vezes, e começou:

– Como já falei, depois que você se tornou amante de um homem casado, ninguém vai querer aproveitá-la como se deve. A não ser esses pobretões de plantão. Desde que Arnaldo morreu, o deputado Valdo Rodrigues, que é viúvo, nos procurou pedindo sua mão em casamento. É um homem velho, já perto dos oitenta, mas tem muito dinheiro, pode ajudar você a fazer um belo pé-de-meia. É claro que nós concedemos sua mão e você deverá se casar com ele em breve.

Alice não aguentou e soltou uma sonora gargalhada. Só de imaginar a situação e pensar no ridículo que seria se isso acontecesse, desatou a rir. Realmente, Carmem não era uma pessoa normal, não dava nem para sentir raiva.

– Do que ri? A situação é séria. Marcamos para hoje um jantar especial no qual vocês ficarão noivos.

– Mãe. Alô! Estamos no século XX. A época dos senhores de engenho já passou há muito tempo. Não vou me casar com ninguém e hoje à noite tenho compromisso, não posso ficar para esse jantar ridículo. Não sei como a senhora pensou que eu iria aceitar uma situação como essa.

– Ora, você sempre foi chegada a um velho. Daí juntei as peças. Pense bem, a situação financeira de seu pai não é das melhores. Se continuarmos como estamos, teremos de parar de viver no padrão de luxo ao qual estamos habituados. Faça esse esforço! Por seus pais.

Carmem fazia umas caretas suplicantes e Alice não continha o riso.

– A senhora que resolva a situação. Se quiser continuar vivendo assim, cada dia fazendo sexo com um michê diferente e que cobra caro, vá trabalhar. O senhor Valdo que vá comprar outra, não estou à venda. Agora saia, mãe, que preciso me vestir e quero ficar à vontade.

– Que desgosto! Então é para isso que colocamos os filhos no mundo? Foi para isso que deformei minha barriga por nove meses, me enchi de estrias? Eu sempre soube que deveria ter tido mais filhos. Você nunca foi das minhas. Agora, se quiser viver aqui, terá de ajudar nas despesas. Farei uma lista e você deverá pagar tudo que tiver nela.

– Desde que não venha nenhuma conta de michê, tudo bem.

Carmem saiu do quarto gesticulando e gritando. Depois se acalmou e tentou encontrar uma boa desculpa para dar ao deputado mais tarde.

33

O reencontro de almas

O tempo passou depressa, e a amizade de Alice e Eduardo foi se fortificando. A cada dia ele se enchia de esperanças. Tinha certeza de que um dia ela seria sua. No entanto, os dias transcorriam e, apesar de se verem sempre no centro espírita, Eduardo não tinha coragem de voltar ao assunto.

Um ano depois da morte do pai, num dia em que Magali havia faltado a uma reunião doutrinária, ele a levou à confeitaria onde os três lanchavam após as palestras. Sentados um na frente do outro, após fazerem os pedidos, Eduardo comentou:

– Sabia que o apartamento onde você morou com o meu pai ainda está intacto?

– Como assim? Não venderam?

– Não. Eu não permiti.

– Ora, por quê?

– Você sabe quanto eu amava meu pai. Tudo dele, para mim, é sagrado. Só em saber que ele morou naquele lugar e que ali foi muito feliz é o suficiente para que eu não o venda. Há o toque de meu pai em todos os locais daquele apartamento. Quando sinto saudade dele, vou para lá e fico horas. Converso, imagino que ele está à minha frente e digo tudo o que quero dizer. Sei que, de alguma forma, sou ouvido. Às vezes sinto sua presença ao meu lado.

Alice arrepiou-se. Que amor lindo! Nunca vira um filho amar um pai daquela maneira. De repente, uma ideia maluca passou por sua mente.

– Estou com vontade de voltar lá. Você está com as chaves dele agora?

– Sim. Sempre estou com elas. Mas, por que esta súbita vontade?

– Talvez saudade. Quero ver como reajo ao entrar lá mais uma vez.

Eduardo resolveu que iriam logo após o lanche.

Assim que terminaram, eles rumaram para o Morumbi. Alice sentiu o coração descompassar ao entrar no apartamento. Realmente Eduardo não mentira, tudo estava igualzinho como ela deixara há um ano. Foi tocando de leve os estofados, os móveis, os quadros e foi se arrepiando. Deixou que algumas lágrimas rolassem em seu rosto. Eduardo também sempre se sentia assim ao entrar ali.

Foram para o bar.

– Nossa! Até as bebidas continuam as mesmas.

– Meu pai adorava este vinho. Vamos tomar um pouco?

Ela aquiesceu e ambos começaram a beber. Algo mágico parecia estar marcando aquele momento. Talvez pela bebida, também pelo ambiente, Eduardo foi sentindo uma atração cada vez mais irresistível por Alice. Ela também, sem saber explicar o porquê, deixou-se levar, e quando percebeu já estavam se beijando.

Eduardo, com a voz que a emoção tornava rouca, dizia:

– Eu a amo, Alice, mais do que tudo nesta vida!

– Eu também sinto que o amo com todas as forças de meu coração. Mas como pode ser isso? É errado!

– Amar nunca será errado, e eu te amo, desejo que seja minha agora.

Deixando-se levar pela emoção, Alice entregou-se completamente e foi conduzida até a cama. Tudo parecia um sonho. Eduardo foi tirando sua roupa enquanto a beijava e em pouco tempo estavam nus e entregues ao amor. Energias radiosas pairavam sobre o casal.

Na sala, o espírito de Arnaldo, acompanhado de Eglantine, sorria feliz.

– Pensei que ela fosse resistir e que essa relação demorasse. Ainda bem que tudo aconteceu como o previsto.

Eglantine sorriu.

– É isso mesmo. Agora que cumprimos nossa missão, deixemos os dois no ato lindo do sexo com amor.

Seus espíritos volitaram e logo chegaram à colônia em que habitavam.

Era noite, e Eglantine, que era a mentora de Arnaldo na presente encarnação, sentou-se com ele na grama de um lindo jardim onde começaram a observar as estrelas.

– Sinto a necessidade de me abrir com você. Falar tudo o que agora sei.

– Conheço toda a história, mas é sempre bom desabafar. Se quiser, estarei pronta para ouvi-lo.

Arnaldo meneou a cabeça.

– Não acha chato ouvir uma história que já conhece?

– Não. Além de ser um desabafo para você, é uma grande lição de vida.

Arnaldo, então, começou a contar:

– Eu era um rico fazendeiro paulista no fim do século XIX. Nessa época, era cafeicultor. Como os escravos, em sua maioria, haviam abandonado minha propriedade por conta da abolição, fiquei sem mão de obra.

A colheita do ano quase foi perdida, quando começaram a chegar as primeiras levas de imigrantes italianos ao país. Eles vieram para trabalhar, fazer fortuna, e eu os contratei, assim não perdi toda a safra.

No entanto, tratava-os como escravos brancos. Na fazenda moravam minha mãe, que era viúva, minha esposa e minha filha de poucos meses. Eu me chamava Rodolfo, minha mãe, Teodora, minha esposa, Maria Eduarda, e minha pequena, Henriqueta.

Havia um casal de italianos que eram corajosos, organizavam motins contra mim, buscavam uma situação melhor para a vida deles no Brasil. Eles tinham uma filha na flor da juventude que se chamava Aline, por quem me apaixonei perdidamente. Eu me casei com Eduarda sem amor, apenas por arranjo entre as famílias, mas com o tempo e a convivência passei a amá-la de verdade. Eduarda era um anjo em forma de gente, espirituosa, bondosa, sempre vivia sorridente e feliz. Ajudava-me com os problemas da fazenda e foi ela quem me fez um ser humano melhor, amava-a e ainda a amo profundamente.

No entanto, mesmo com todo o amor, não consegui conter a atração que sentia por Aline. Logo fui correspondido e passamos a nos encontrar. Os pais da moça se aproveitaram da situação e logo tiraram de mim o suficiente para poder voltar à Itália e lá realizarem o sonho de cultivar uvas e comercializar vinho. Todavia, na hora de voltar, Aline não queria me deixar e eu estava sofrendo com a futura separação. Chamei o senhor Giuseppe e fui claro:

– Ainda falta um pouco de dinheiro para que voltem à Itália. Prometo que darei todo o restante se deixarem Aline comigo. Ela passará a viver na casa grande e terá vida de rainha.

Giuseppe não queria deixar a filha no Brasil, mas sua mulher, com olhos cobiçosos, decidiu por ele.

– Pode ficar com ela. Nunca foi apegada a nós mesmo. Lá deixamos outros filhos, temos família. Ela que se arranje por aqui.

Assim foi resolvida a situação. Coloquei Aline na fazenda como babá e Eduarda nunca desconfiou de nada. Ambas se tornaram grandes amigas. Notava que Aline se sentia culpada pela situação, mas seu amor por mim era mais forte e ela resistia. O tempo passou e ela praticamente ajudou Eduarda a criar Henriqueta. Naquela época, eu sentia um remorso muito grande por amar duas mulheres ao mesmo tempo, mas era amor mesmo, embora diferentes, mas amor.

Entre Aline e Eduarda surgiu uma afeição fora do comum. Andavam sempre juntas e passavam horas conversando. Eduarda acreditava em histórias de almas do outro mundo e Aline também. Elas se amavam muito. Eu não tive mais filhos e, quando Eduarda já estava velha, no leito da morte, sem chances de cura, Aline contou toda a verdade e pediu-lhe perdão. Eduarda, com voz fraca, respondeu:

– Eu já sabia de tudo, mas meu amor por você e por meu marido foi maior e eu aceitei. Estou indo para o outro mundo e lá certamente saberei o porquê de tudo. Sei que a vida sempre faz tudo certo.

Eduarda era um ser angelical, incomum. Depois de sua morte, Henriqueta já era casada, dessa forma, fiquei só com Aline naquela grande propriedade. O café já não dava mais lucros, a fazenda foi arruinada. Terminei muito pobre, vivendo de pequenas criações.

Quando cheguei ao astral, fui recebido com carinho por Eduarda, que logo após recebeu também Aline. Fomos reunidos com os mentores e eles nos contaram que éramos almas ligadas havia muitos séculos e que precisávamos dessa experiência para evoluir e aprender a conviver sem rancores. Dessa vez conseguimos. Minha mãe, Teodora, também estava na reunião e ficamos sabendo que, durante aquela última encarnação, ela havia cometido adultério várias vezes e estava muito arrependida. Precisava voltar à Terra e experimentar o gosto da traição para aprender. Os espíritos disseram que ela poderia aprender de outra forma, mas ela não aceitou, queria ser traída, assim como traiu inúmeras vezes.

Estávamos todos juntos, éramos afins. Eu continuava a amar as duas mulheres que amei na Terra e me sentia envergonhado por isso. Até que você, Eglantine, me chamou e disse: "Só há uma solução para esse caso. Você precisa aprender a sublimar um dos dois sentimentos. Eduarda e Aline são almas afins, amam-se há muito tempo e você vem impedindo que elas sejam felizes. Nessa última vida, ambas vieram no mesmo sexo e, como não tinham tendências homossexuais, amaram-se apenas como amigas, mas precisam viver a história de amor que as une. Na próxima encarnação, elas virão em sexos opostos e poderão se amar livremente. Escolha uma das duas para ser sua filha e assim modificar o sentimento para algo mais sublime."

Foi difícil, para mim, a escolha. No fim, após muito meditar, preferi ser pai de Eduarda. Ela era mais sensível, mais espiritual, por isso acreditei que seria mais fácil.

Programei que me uniria à minha mãe como marido para que ela pudesse vivenciar o que precisava, e então voltei à Terra como Arnaldo e ela, como Lucrécia. Maria Eduarda veio logo depois, como meu amado filho Eduardo, e Aline recebeu o nome de Alice, tendo como pais os mesmos italianos de outrora.

Por isso Eduardo e eu nos amamos tanto e, ao mesmo tempo, nós dois amamos Alice.

Arnaldo parou um pouco, fixou o olhar no de Eglantine, e perguntou:

– Como um dia essa questão será resolvida? Eduardo e Alice se amam, e eu amo os dois. O que farei?

– Só Deus sabe o que nos reserva o futuro. Por ora, o melhor a fazer é esperar, vibrar pela felicidade deles e trabalhar pela nossa. A ansiedade atrapalha, tudo só vem no tempo certo. Na Terra, são muitos os casos de amor dessa natureza, que só o tempo e as provas da vida irão solucionar. Ninguém pode julgar ninguém, pois o sentimento afetivo está no coração de cada um e só a pessoa sabe o que se passa lá dentro.

– De qualquer forma, um dia terei de deixá-los viver livremente.

Eglantine sorriu.

– Lá vem você outra vez antecipando o futuro com a ansiedade. Entregue tudo nas mãos de Deus e vamos trabalhar. Aqui o que não falta é o que fazer.

Ambos sorriram e foram cada um para seus afazeres noturnos.

Alice e Eduardo mantiveram o romance em segredo durante algum tempo. Lucrécia havia se modificado muito, mas eles não podiam prever qual seria a reação dela ao saber que seu filho estava namorando e iria se casar com aquela que foi, durante algum tempo, sua rival.

Eduardo queria contar logo, mas Alice preferiu a cautela e pediu para que ele aguardasse.

Quando julgaram oportuno, foram falar com ela. Lucrécia, a princípio, ficou pensativa, depois disse:

–Vinha notando que você estava mais feliz que de costume. Só podia ser mulher. Sempre soube que você gostava de um bom namoro. Quando mais jovem, era uma namorada para cada dia da semana.

Eduardo sorriu. Ele era assim mesmo.

Ela continuou:

– Contudo, percebi que se tratava de algo mais sério. Nunca pensei que fosse Alice. Vocês têm a minha bênção. Estou aprendendo a perdoar e a não julgar, além do mais, de que adiantaria eu tentar impedir? Você sempre só fez o que quis da vida! Se eu dissesse que não aceitaria, você se casaria com ela da mesma forma e provavelmente romperia comigo. Não. Não quero perder mais ninguém nesta vida.

Ela parou, olhou para Alice, e tornou:

– Não pense que tenho bons olhos para você, mas confio no meu filho. Ele é muito inteligente, sábio, não iria escolher uma mulher qualquer para se casar. Aliás, eu até lhe agradeço por tê-lo levado a escolher o caminho do matrimônio. Achava que Eduardo nunca fosse se casar e que, portanto, nunca me daria um neto, coisa com que sempre sonhei.

Alice estava emocionada. Como a vida era inteligente! Deus conduzia tudo para onde deveria ir. Provavelmente, todos eles estavam ligados pelo passado.

– A senhora tem sido muito boa comigo desde a morte de Arnaldo. Prometo fazer seu filho mais feliz do que ele já é. Teremos muitos filhos, encheremos essa casa de crianças.

Eduardo falou emocionado:

– E eu que pensei que essa conversa seria difícil, até me surpreendi com a sua reação, mamãe. Vamos brindar este momento?

– Antes, quero fazer um pedido ao casal – disse Lucrecia, séria.

Todos se entreolharam curiosos, menos Arlete, que já sabia o que a mãe iria pedir.

– Quero que se casem e venham morar conosco.

Eduardo e Alice ficaram espantados, não esperavam por aquilo. Quando conversavam sobre o futuro, nunca mencionaram morar na mansão, pensavam em habitar o apartamento que foi de Arnaldo ou uma casa em outro bairro. Não souberam o que dizer de pronto.

O espírito de Arnaldo, que estava presente, soprou no ouvido do filho: "Aceite, meu amor! Você será muito feliz aqui com Teodora e Aline. Esta casa é muito grande, foi aqui que você nasceu e cresceu. Aceite, Maria Eduarda!"

Eduardo sentiu uma forte emoção e olhou para Alice, que percebeu na hora que ele queria aceitar o pedido da mãe.

– Eu não havia pensado nisso, mas esse convite é tentador. Adoro esta casa, ela me lembra toda a minha infância, meu pai, as coisas boas que vivi na adolescência. Por mim, aceito, mas tenho de pedir a opinião de Alice.

Mais uma vez, Arnaldo aproximou-se dela e falou: "Aline, concorde. Aqui você terá a chance de conhecer Teodora melhor e de se tornarem amigas. Lembra-se como ela a tratava na casa grande? Por saber que era minha amante, humilhava-a constantemente e vivia fazendo chantagens e ameaças. Você não está sendo convidada a viver com ela à toa. Seus espíritos ainda nutrem reflexos negativos um contra o outro e necessitam harmonizar-se. A vida não deixa nenhum assunto mal resolvido, não fuja, a hora é esta".

Alice captou integralmente a essência da mensagem, embora nada tenha escutado. Foi com os olhos brilhantes de emoção que disse:

– Aceito, sim, Lucrécia. Aqui poderemos ser amigas, nos perdoarmos mutuamente. Talvez não seja fácil nossa convivência, mas vamos tentar.

Lucrécia pegou sua mão e afirmou:

–Você não sabe como mudei depois que conheci a espiritualidade. Terá a prova enquanto vivermos.

Arlete trouxe as taças e todos brindaram aquele momento, não sem antes agradecerem a Deus por tudo ter se resolvido da melhor maneira.

Três meses depois, Eduardo e Alice se uniram no civil em uma cerimônia simples no Clube Paulista. Eles teriam agora largo momento de paz, felicidade e amor.

Assim que o juiz de paz encerrou o enlace, Arnaldo, abraçado a Eglantine, chorava de emoção.

– Finalmente os dois estão unidos. Aqui acaba minha missão.

Eglantine percebeu que o amigo estava triste.

– Não deixe o desânimo tomar conta de seu coração. O dever cumprido costuma nos dar alegria. Chegou a hora de cuidar de você e tratar desse apego terrível que sente pelo Eduardo. Isso o tem prejudicado muito ao longo dos séculos.

– Terei mesmo de fazer a grande viagem?

– Sim. Nossos maiores disseram que para você é o melhor.

– Pedi para que pudesse renascer filho deles, mas não me foi concedido.

– Isso mesmo. Se você viesse a ser filho do Eduardo, seria muito dependente, o que estacionaria ainda mais sua evolução. É hora da grande viagem. Você renascerá em outro planeta, viverá com outras pessoas, aprenderá a se desapegar.

– Sentirei muitas saudades. Como é difícil!

– É por isso que é necessária essa medida extrema. O apego aprisiona, faz sofrer, torna-nos dependentes e fracos. Com o tempo, colocamos nossa força no outro e passamos a fazer dele uma muleta. Mas Deus sempre intervém, mostrando que amor não é apego.

Arnaldo secou as lágrimas, beijou o filho, olhou para Eglantine e disse:

– Você prometeu me acompanhar. Vai cumprir a promessa?

Ela o abraçou.

– Sim. Serei sua mãe, mas como sou muito independente, livre, o ensinarei a amar sem se pendurar. Você vai ter uma mãe durona, que não passa a mão na cabeça. Cedo terá de se afastar de mim para assumir a própria vida.

Arnaldo pareceu aceitar.

– Agora vamos. O tempo passa depressa, e mais rápido do que supõe poderá voltar à Terra e rever Eduardo, mas, quando isso acontecer, você estará modificado, mais maduro, mais dono de si. Aí se unirão eternamente.

Os dois amigos se abraçaram e desapareceram no meio do céu estrelado.

34

A doença de Ernesto

Apesar dos cinco anos passados, a família de Ernesto jamais esqueceu o que aconteceu com Ingrid e Diego. A Justiça o inocentou, pois foi considerado um doente mental grave e não estava de posse de sãs faculdades mentais quando fez tudo aquilo. Mesmo assim, ele passou um bom tempo no manicômio judiciário e só mais tarde foi transferido para uma clínica psiquiátrica particular.

Vanessa continuava em sua incansável luta para tentar trazê-lo de volta à realidade. As pessoas olhavam de soslaio e riam, considerando-a ingênua, mas ela continuava incansável. Aos poucos, e para o espanto de todos, Diego começou a se modificar. Conversava naturalmente e se mostrava arrependido pelo que tinha feito. Vanessa vivia um tormento, pois sabia que os psicopatas eram exímios mentirosos, e, quando os momentos de dúvida apareciam, ela se recolhia na prece.

Ernesto voltou a trabalhar pouco tempo depois, mas rompeu qualquer tipo de relação com a cunhada. Ela deixara sua mansão com os filhos e regressara ao lar. Ingrid ficou muito triste, porém amava o marido e concluiu que jamais poderiam viver como antes, caso Diego um dia retornasse ao lar.

Anselmo e Lúcia voltaram para Guararema assim que tudo se acalmou, e Ingrid passava quase todo o dia cuidando das filhas em companhia de Marisa.

Ernesto, de repente e sem motivo, começou a se sentir mais cansado que o habitual. Começou a emagrecer muito rapidamente e foi ao seu médico, que diagnosticou uma crise de estresse. Ele foi medicado e melhorou. Nunca mais havia escutado as vozes ou sentido nada. Não parecia que tinha sido pai de santo, muito menos espírita. A imobiliária crescia a olhos vistos e a fortuna de Ernesto aumentava a cada dia.

No entanto, o cansaço retornou um mês depois, e dessa vez mais forte, tanto que ficou prostrado na cama por diversas vezes. Dessa vez não emagreceu, mas começou a tossir com frequência. A tosse ia aumentando e o impossibilitou de trabalhar. O doutor Guedes dava-lhe uns tapinhas nas costas e dizia:

– Você não tem febre, está com apetite, não tem dor. É essa poluição!

Receitava alguns xaropes, mas Ernesto não melhorava. De repente, veio a dor. Forte. Profunda. Aguda. De tão forte, Ernesto desmaiou. Foi levado para o hospital e examinado, ao que o médico falou:

– Precisamos esperar que acorde. Aparentemente não tem nada grave, mas temos de esperar para que ele nos possa dizer onde se localiza exatamente essa dor.

Por conta do sedativo, Ernesto dormiu muito e, quando acordou, doutor Guedes o inquiriu:

– Onde é mesmo a dor?

– Aqui – ele suspendeu a camisa e mostrou o lado esquerdo das costas, acima do pulmão.

– Você fuma?

– Não. Quer dizer... Fumava esporadicamente. Mas faz anos que deixei.

– Irá tirar raios X do pulmão para analisarmos melhor. Por ora ficará aqui em observação.

Ernesto sentiu um pouco de preocupação no olhar do médico, mas não deu muita atenção. Logo estava conversando animadamente com um dos funcionários da sua empresa. Mas as crises de tosse voltavam e ele tinha de parar.

Os exames foram feitos e o doutor Guedes mandou chamar Ingrid em seu consultório.

Ela, com o coração aos saltos, compareceu. O médico a olhou profundamente, estudando as palavras que iria dizer.

– Senhora Ingrid. O correto seria falar diretamente com seu marido, mas sou, além de tudo, amigo de vocês e confesso que não sei como Ernesto vai reagir ao ouvir o que tenho a lhe dizer.

Ingrid sentiu que o sangue lhe faltava, mas manteve-se firme.

– Pode dizer, doutor. Estou preparada.

– Seu marido tem um tumor muito grande no pulmão esquerdo, e é inoperável. Pela visualização das imagens, podemos dizer com acerto que se trata de um tumor maligno muito agressivo. O único jeito é tentar a quimioterapia para ver se o tumor diminui, só assim conseguiremos operá-lo.

Ingrid teve uma crise de choro. O médico ofereceu um lenço e, quando estava mais calma, ela perguntou:

– Quais as chances que ele tem de cura?

– Eu diria que são mínimas. Um tumor desse tamanho certamente já está espalhado por várias partes do corpo. Mas em medicina temos visto de tudo. Pessoas desenganadas que milagrosamente se curam e estão melhores do que nunca. Outras com doenças simples que acabam por morrer. O que gostaria mesmo é que você soubesse primeiro para que pudesse apoiá-lo. Não podemos enganar o paciente, ele deve estar ciente de tudo o que está se passando.

– Meu marido é forte, vai aguentar. Ele já passou por muita coisa nesta vida, precisa saber o que está realmente acontecendo.

– Então vamos lá.

Entraram no quarto. As visitas tinham ido embora e Ernesto estava entretido na leitura. Quando o médico, juntamente com sua esposa, informou o que ele tinha, entrou em um mutismo angustiante. Ao ficar só com o marido, Ingrid tentou conversar, mas Ernesto parecia não ouvi-la. De repente, todo o filme de sua vida passou em sua mente sem que ele pudesse parar. A infância pobre, as brincadeiras de criança, os namoros de adolescente, o casamento com Mariana e a chegada das filhas, suas mortes e, finalmente, seu pacto com as trevas. Só naquele instante ele entendera o que os espíritos queriam dizer quando mencionavam a punição.

Quando a avalanche de pensamentos passou, Ernesto abraçou Ingrid como a pedir que ela salvasse sua vida. Ambos choraram. Dormiram abraçados na pequena cama do hospital.

Ernesto não acreditava em mais nada além da vida material. Deixou-se, então, conduzir pela medicina somente. O caso era extremamente grave e logo começaram as sessões de quimioterapia. Quando o medicamento entrava pelas veias, todo o corpo de Ernesto pinicava como se estivessem lhe espetando diversas agulhas.

Sem que ele visse, os espíritos aos quais se filiara estavam lá acompanhando tudo, aumentando suas dores, sua angústia. A influência foi tanta que Ernesto entrou em depressão profunda. Os exames anunciaram que o tumor não cedia e que mais sessões seriam necessárias, e que, findas estas, nada mais poderia ser feito. Felizmente, o tumor não havia se espalhado para outros órgãos, mas, se continuasse a crescer, certamente isso ocorreria. Foi com horror que Ernesto se viu careca e numa cadeira de rodas. Perdera completamente o gosto pela vida.

Mais uma vez seus pais estavam presentes, torcendo e com fé para que não perdessem o único filho que a vida lhes deixara.

Um dia, Ernesto estava em casa deitado, em depressão profunda, quando Ingrid entrou cautelosa no quarto.

– Tem visitas para você.

– Já disse que não quero ver ninguém, além da mãe Márgara. Ela quem tem me dado encorajamento.

Ingrid fez uma pausa e continuou receosa.

– Só que desta vez ela não veio sozinha, trouxe algumas pessoas com ela.

– Quem são?

– O Sérvulo e a Antônia.

Ernesto não conseguiu se lembrar imediatamente de quem se tratava, mas depois de alguns minutos pensou: "Será que são eles? Como tiveram coragem de vir aqui?" Ele pensou em não os receber, mas, no estado em que se encontrava, não poderia se dar ao luxo de escolher visitas.

– Peça que subam.

Sérvulo e Antônia entraram em silêncio. A princípio, assustaram-se com a aparência cadavérica daquele que lhes fora amigo por tanto tempo, mas, fingindo não perceber, perguntaram:

– Como está hoje, Ernesto?

– E como poderia estar? Caminhando para a morte. Não é isso que vocês espíritas dizem? Que morrer é bom? Então estou ótimo.

Antônia calou-se, havia muita dor e revolta no coração embrutecido de Ernesto, mas Sérvulo levantou-se calmamente e disse numa voz alta, porém educada:

– Sabia que nos receberia assim, mas vim aqui hoje com um objetivo, e não sairei sem cumpri-lo. Depois que eu falar tudo o que preciso, você pode me expulsar, a mim e a Antônia, como fez quando sua primeira esposa morreu, lembra? Mas agora tenho uma tarefa a seu lado e você vai me escutar, queira ou não.

Ernesto fez um ar de desagrado e falou:

– Não precisa me dizer nada. Veio aqui só para jogar na minha cara que Deus está cobrando meus débitos por ter me tornado pai de santo. Essa ladainha conheço de cor.

– Nada disso. Vim para dizer que você pode ser curado, levar uma vida feliz e saudável ao lado de sua família. Deseja isso?

A postura de Sérvulo, que não o condenou como ele imaginava que fosse ocorrer, despertou em Ernesto uma curiosidade. O que ele, então, viera fazer ali?

– Não venha me prometer uma cura miraculosa, pois não acredito.

– Não vim falar em milagre, mas em transformação. Primeiro quero que saiba de nossa história, de tudo o que aconteceu depois que você nos deixou. Peço a Antônia que lhe conte.

Antônia era a esposa de Sérvulo, simpática, forte sem ser gorda, cabelos ruivos e curtos, semblante sereno. Ela contou o que ocorreu e finalizou:

– Nós todos do centro tínhamos uma postura muito rígida com relação ao espiritismo e à vida de maneira geral. Fomos obrigados a passar por uma obsessão coletiva para que pudéssemos nos reavaliar e mudar. Sofremos muito, mas hoje o grupo mudou, evoluiu. Tanto que recebemos ontem uma mensagem de um amigo espiritual querido afirmando que deveríamos vir aqui dizer que você poderia se curar.

Ernesto estava cada vez mais atento. Seria possível essa cura? Ele não acreditava em Deus, em mais nada. Ou acreditava?

Antônia continuou:

– Esse nosso amigo disse que você quer a todo custo impedir que Deus entre em sua vida, afirma que você nunca viveu de fato a espiritualidade. Embrenhou-se pelos caminhos do fanatismo e tornou-se um hipócrita. Sua mulher e suas filhas, ao morrer, representaram um teste e você optou pela descrença e pelo caminho do mal. Esse amigo afirma que se você voltar ao bem, à espiritualidade, doar tudo o que adquiriu com o mau uso da mediunidade e, principalmente, perdoar a vida, o câncer vai desaparecer.

Desta vez Ernesto não debateu. Sempre que falavam para ele abandonar a fortuna sentia ímpetos de agredir a pessoa, mas será que seu dinheiro valia mais que sua saúde e felicidade?

– Como, assim, perdoar a vida?

– O câncer só aparece em uma pessoa quando ela guarda uma grande mágoa da vida, das pessoas ou quando ela carrega frustrações, depressões, tristezas. É uma doença do espírito. Você nunca perdoou a vida porque ela lhe tirou sua esposa e suas filhas. Por outro lado, fez muito mal em seu terreiro, o que o deixava cada vez mais infeliz. Foi essa energia acumulada em seu perispírito que fez com que você adoecesse.

– Deus não está me punindo pelos atos bárbaros que fiz como pai de santo?

– Não! Há espíritos interessados em que você pense assim, para que, cultivando a culpa, se entregue cada vez mais à doença. Mas isso não é verdade. Todo o mal que você fez pode ser consertado pela prática do bem. É claro que isso pode durar muitas vidas e você deverá fazer muito esforço, mas as doenças não são punições por erros, e sim o resultado do somatório das nossas emoções em descontrole.

– Então por que doar o que possuo?

– O dinheiro é sempre bem-vindo. A riqueza é progresso, luz, mas quando adquirida por maneiras honestas. Usar a mediunidade para o mal e, em troca, conseguir fortuna, é extremamente perigoso. Se você não mudar isso agora, depois da morte será levado ao abismo, e de lá não sairá tão cedo.

Ernesto ainda resistia.

– Não acredito em nada disso.

– Acredita, sim. Você nunca deixou de acreditar. Se não quer admitir fica mais difícil.

– O que fazer, então, com tanto dinheiro?

– Fique apenas com o suficiente para se manter até conseguir um emprego honesto e depois doe a instituições de caridade. Você tem uma casa que comprou assim que casou, volte para ela. Este é o preço da sua felicidade. Quer pagar?

Ele pensou um pouco e começou a chorar. Chorou muito. Os amigos deixaram que desabafasse. Mais tarde, quando foram embora, deixaram Ernesto bastante pensativo sobre tudo o que tinha ouvido. Sérvulo e Antônia, na verdade, não quiseram dizer, mas o espírito amigo que tanto queria ver o bem de Ernesto era Mariana.

35

A cura pela redenção

Após alguns dias, vendo que sua doença se agravava, Ernesto percebeu que realmente perderia a vida. Ao pensar em separar-se de Ingrid e de suas duas filhas, que tanto amava, sentia o desespero aumentar, o coração se oprimir. Já havia perdoado Diego, que estava morando em outra cidade com Vanessa e se recuperava bem. O que mais poderia fazer? Apesar de tudo, não conseguia esquecer as palavras de Antônia e Sérvulo. E se fosse verdade? E se ele se arrependesse e mudasse de vida? Haveria realmente chance de cura? Os próprios médicos já o haviam desenganado.

Uma tarde, enquanto estava só no quarto do hospital, ele começou a rezar. No começo de forma mecânica, depois foi abrindo seu coração ao Criador, mostrando-se perdido, implorando a Ele sua cura, pois estava arrependido e por amor iria mudar, fazer tudo diferente. Orou com tanta sinceridade e fervor que logo depois seres luminosos, vestidos de médicos e enfermeiros, juntos com Mariana, entraram no quarto. Um deles comentou:

– Felizmente ele voltou ao caminho. Qual o filho pródigo, Ernesto hoje retorna à casa do Pai. Poderá se curar, não precisa mais da doença.

Logo, a equipe médica começou a trabalhar em seu perispírito e em seu corpo físico. Traziam equipamentos, remédios líquidos e, com as mãos, retiravam camadas escuras de energias que estavam impregnadas em sua aura. Quando terminaram, um dos médicos olhou para Mariana e falou:

– Nossa parte acaba, por ora, o resto a natureza dará conta de restaurar. A lição foi aprendida e hoje Ernesto nasceu mais uma vez.

Mariana chorava, emocionada.

– Como Deus é bom! As pessoas ainda não pararam para perceber o tamanho de Sua misericórdia. Basta uma mudança de pensamento e comportamento para que toda uma vida se modifique ao toque do Criador.

– Além do que, sabemos como Ernesto se comprometeu desde sua última encarnação – disse um dos médicos.

– Sim – tornou Mariana. – No passado, na época da tão famosa corrida do ouro, ele era um simples sertanejo do norte. Quando ficou sabendo que podia ficar rico nas minas, abandonou a família e foi em busca da fortuna no Sul. Mesmo trabalhando na cata, nas escavações, nada conseguiu, até que um dia, desesperado para encontrar a maior pedra que pudesse, disse com todo o fervor que daria sua alma ao diabo para achar um diamante que o tornasse imensamente rico. Sem saber, ele acionou forças de espíritos trevosos que se dizem demônios, que o envolveram, e ele passou a agir diferente. Com cautela e de maneira quase automática, começou a escavar num local onde ninguém suspeitava existir nada de especial, mas eis que surgiu o diamante tão esperado. Muito rico, ele trouxe sua família para as Gerais, onde viveu bem pelo resto da vida. Quando morreu, bastou sair da sepultura para encontrar um espírito deformado à sua espera. Intitulava-se Belzebu e lhe disse:

"Aristides, esqueceu que você vendeu sua alma para mim?"

"Como? Minha alma?"

"Sim, você disse que daria sua alma ao diabo se achasse o diamante. Então trabalhei ao seu lado até você o encontrar. Não acha que é hora de me retribuir?"

– Aristides, muito assustado e percebendo que realmente havia morrido, perguntou:

"Então você é o diabo?"

– A entidade mentiu:

"Eu mesmo. E você acha que foi quem que tentou Jesus no deserto? Eu, meu caro. Agora vamos."

– Aristides tentou fugir, mas percebeu que era em vão. Logo foi amarrado e levado a um palácio no mundo das trevas, onde, apesar do luxo excessivo, tudo era sujo e malcheiroso. Trabalhou durante anos como vassalo dessa entidade, até o dia em que fui chamá-lo. Ao me ver e reconhecer como sua mãe, ele se jogou em meus braços e o levamos para a nossa colônia.

Ela continuou:

– Explicamos que há superstição nas histórias de pessoas que vendem a alma ao demônio, pois ele, na realidade, não existe, mas sim espíritos ignorantes que assim se intitulam. Contudo, quando uma pessoa diz isso acreditando que há uma força do mal capaz de ajudá-la em troca de sua alma, esses seres das trevas se aproximam e ajudam para cobrar depois. Ele entendeu e, após um tempo conosco, foi para uma cidade estudar e descobriu que na próxima vida seria médium e ajudaria os sofredores do além. Mas havia a prova da fortuna e o reencontro com essa entidade que, apesar de séculos, ainda foge à reencarnação, escondendo-se no centro da Terra. Se ele vencesse a prova da cobiça pelo dinheiro desonesto e resistisse em usar a mediunidade para o mal, sairia vitorioso. Mas ele, mais uma vez, mostrou que ainda não estava preparado, e por ignorância fez o melhor que pôde. No entanto, colheu os resultados, aprendeu, evoluiu, está imunizado.

O médico a olhou e comentou:

– É isso mesmo. Cada um escolhe a maneira como vai evoluir e chegar mais rápido à perfeição total. Agora, deixemo-lo repousar e de longe observaremos a medicina da Terra dizer que um milagre aconteceu.

Ernesto sentiu uma tranquilidade após a oração e adormeceu profundamente. Os dias foram passando e, vez por outra, a equipe médica do astral retornava e continuava o tratamento.

Surpreendentemente, os médicos foram notando sensível melhora em Ernesto. Estava mais forte, menos pálido, tossia menos, queixava-se menos da dor, a cada dia progredia mais. Os médicos, com o fato inesperado, fizeram novos exames, nos quais foi detectado que o tumor havia sido reduzido a tal ponto que poderia ser operado.

Ninguém acreditava no que estava acontecendo. Um verdadeiro milagre ocorrera ali. No momento propício e com Ernesto mais resistente, a cirurgia foi realizada com sucesso. Os pequenos tumores que haviam se instalado em outros lugares simplesmente desapareceram. O caso de Ernesto foi comentado por toda a mídia e pesquisado para a divulgação de artigos nas mais variadas revistas científicas.

Realmente, acima de tudo está Deus!

Ernesto teria de continuar fazendo exames de revisão ainda por muito tempo, mas logo retornou às suas atividades no centro espírita. Lá encontrou Lucrécia e Arlete. As duas se admiraram, pois o palestrante da noite era ele. Ambas foram cumprimentá-lo.

– Muito bonito e certo tudo o que você disse – afirmou Arlete.

– Sua oratória é maravilhosa – elogiou Lucrécia.

– Agradeço pelos cumprimentos, mas o mérito é do alto. Eu ainda estou tentando chegar lá.

Ambas riram amavelmente. Ernesto perguntou como as duas estavam, e Lucrécia foi a primeira a falar:

– Eu estou muito bem, trabalho como voluntária aqui no centro e tenho me sentido útil. Procurei tornar minha vida uma alegria, não quero mais casar. Meu prazer agora é viajar, curtir meus futuros netinhos e continuar meus estudos sobre a vida espiritual. Sinto-me completamente preenchida assim. Já Arlete... – ela deu uma piscadela maliciosa.

– O que tem a Arlete?

– Está namorando o filho mais novo do Sérvulo. Apesar da diferença de idade, Luiz é um rapaz honesto, sincero, tem valores nobres. Minha filha está e será muito feliz.

Eduardo e Alice aproximaram-se.

– Estes são meu filho e minha nora.

Ernesto olhou para a barriga de Alice e comentou:

– A senhora vai ser vovó mais cedo do que eu imaginava.

– Isso mesmo. Não imagina como estou feliz, finalmente o neto com que tanto sonhei.

Ela fez uma pausa, olhou profundamente para Ernesto e comentou:

–Você...Você nem parece aquele homem que conheci e que fazia feitiços.

Todos ficaram constrangidos, não esperavam que Lucrécia fosse tocar naquele assunto. Sem cerimônia, Ernesto respondeu:

– Eu não era aquele homem. O verdadeiro está aqui, na sua frente. Quando enveredamos pelo caminho da maldade, deixamos de ser nós mesmos e passamos a agir contra nossa verdadeira essência. Precisei passar por um câncer para aprender isso.

Todos ficaram admirados com a resposta dele. Era realmente um homem inteligente e que, pelo sofrimento, aprendera o valor do bem. Despediram-se e felizes rumaram para suas casas.

Epílogo

O obstetra tentava visualizar com dificuldade o sexo do bebê, e após algum tempo conseguiu. Olhou para o casal ansioso ao seu lado e disse:

– Parabéns, terão uma menina!

O marido, olhos marejados, beijou a esposa, que chorava de felicidade.

– Meu amor, uma menina. Quanta felicidade!

Vieram os preparativos. Quarto e móveis novos comprados com dificuldade, paredes pintadas em rosa-chá, bonecas usadas, vestidos. Nove meses depois, uma linda e saudável menina acabava de nascer.

A mulher olhou para o marido e falou:

– Não escolhemos ainda o nome. Ficamos muito indecisos. Precisamos registrar, temos de escolher rápido.

O homem pensou e, num lampejo, falou:

– Mariana! Ela vai se chamar Mariana.

Assim a registraram. Dois meses se passaram, a menina cresceu e foi ficando cada vez mais bonita. Até que um grave acidente levou a vida de seus pais e a criança foi parar nas mãos de sua única parenta viva. Era uma senhora pobre, mas de sentimentos nobres. Olhou para a menina e disse:

– Aqui onde moro não posso te dar nem comida, vai para o orfanato.

Helena saiu numa noite em que a chuva caía fina e deixou o pequeno carrinho na porta do orfanato sem ser vista. Pouco tempo depois, o porteiro, que havia saído, retornou ao seu posto quando escutou um choro. Abriu o portão e percebeu que era mais uma rejeitada. Entre os poucos pertences da garota, encontrava-se um papel no qual estava escrito o nome Mariana. Assim todos passaram a conhecê-la lá dentro.

Pouco tempo depois, um casal interessado em adotar uma criança entrava no escritório do diretor.

– Meu marido, Ernesto, colocou na cabeça que deve adotar uma criança. Agora que ganha bem, passou no concurso e voltou a trabalhar no banco, sabe que conseguirá – dizia Ingrid.

O diretor os olhou, como se os estivesse analisando, e disse:

– Muitas crianças chegam aqui toda semana. Terão de escolher e passar por toda a burocracia que uma adoção legal requer.

– Estamos dispostos – disse Ernesto.

Logo foram ao berçário e se encantaram com um bebê negro que sorria insistentemente para eles com olhos brilhantes.

Num ímpeto, Ernesto disse:

– É aquele! Vamos adotar aquele!

– É uma menina – disse a assistente social que os acompanhava. – Chegou tem mais de um mês.

Aproximaram-se. Uma emoção muito forte tomou conta de Ernesto.

– Ela tem nome?

– Sim. Aqui todos nós a chamamos de Mariana. No saquinho com as roupas dela tinha um papel com esse nome escrito.

Ingrid e Ernesto se arrepiaram. Seria quem eles estavam imaginando? Não. Não poderia ser, estavam fantasiando. Eles prosseguiram com o ato de adoção até que conseguiram oficializá-lo.

Foi uma felicidade a chegada da criança àquela casa. Era mais um motivo que todos ali encontravam para viver. Quando os olhinhos vivos dela se encontravam com os do pai, ele não continha a pergunta:

– Mariana, será mesmo você?

Fim

Obras da médium
Maria Nazareth Dória
Mais luz em sua vida!

A SAGA DE UMA SINHÁ (espírito Luiz Fernando - Pai Miguel de Angola)
Sinhá Margareth tem um filho proibido com o negro Antônio. A criança escapa da morte ao nascer. Começa a saga de uma mãe em busca de seu menino.

LIÇÕES DA SENZALA (espírito Luiz Fernando - Pai Miguel de Angola)
O negro Miguel viveu a dura experiência do trabalho escravo. O sangue derramado em terras brasileiras virou luz.

AMOR E AMBIÇÃO (espírito Helena)
Loretta era uma jovem nascida e criada na corte de um grande reino europeu entre os séculos XVII e XVIII. Determinada e romântica, desde a adolescência guardava um forte sentimento em seu coração: a paixão por seu primo Raul. Um detalhe apenas os separava: Raul era padre, convicto em sua vocação.

SOB O OLHAR DE DEUS (espírito Helena)
Gilberto é um maestro de renome internacional, compositor famoso e respeitado no mundo todo. Casado com Maria Luiza, é pai de Angélica e Hortência, irmãs gêmeas com personalidades totalmente distintas. Fama, dinheiro e harmonia compõem o cenário daquela bem-sucedida família. Contudo, um segredo guardado na consciência de Gilberto vem modificar a vida de todos.

UM NOVO DESPERTAR (espírito Helena)
Simone é uma moça simples de uma pequena cidade interiorana. Lutadora incansável, ela trabalha em uma casa de família para sustentar a mãe e os irmãos, e sempre manteve acesa a esperança de conseguir um futuro melhor. Porém, a história de cada um segue caminhos que desconhecemos.

JÓIA RARA (espírito Helena)
Leitura edificante, uma página por dia. Um roteiro diário para nossas reflexões e para a conquista de uma padrão vibratório elevado, com bom ânimo e vontade de progredir. Essa é a proposta deste livro que irá encantar o leitor de todas as idades.

MINHA VIDA EM TUAS MÃOS (espírito Luiz Fernando - Pai Miguel de Angola)
O negro velho Tibúrcio guardou um segredo por toda a vida. Agora, antes de sua morte, tudo seria esclarecido, para a comoção geral de uma família inteira.

Um Diário no Tempo
Despertar para a VIDA
Eliana Machado Coelho
Sem regras para Amar
O Retorno
Lições que a vida oferece

Dois romances emocionantes de Margarida da Cunha!

Psicografia de Sulamita Santos

Doce Entardecer

Paulo e Renato eram como irmãos. O primeiro, pobre, um matuto trabalhador em seu pequeno sítio. O segundo, filho do coronel Donato, rico, era um doutor formado na capital que, mais tarde, assumiria os negócios do pai na fazenda. Amigos sinceros e verdadeiros, desde jovens trocavam muitas confidências. Foi Renato o responsável por levar Paulo a seu primeiro baile, na casa do doutor Silveira. Lá, o matuto iria conhecer Elvira, bela jovem que pertencia à alta sociedade da época. A moça corresponderia aos sentimentos de Paulo, dando início a um romance quase impossível, não fosse a ajuda do arguto amigo, Renato.

À Procura de um Culpado

Uma grande festa foi organizada por João Albuquerque de Lima e sua esposa Kim para comemorarem o sucesso e a expansão dos negócios dele, um empresário carioca proprietário de uma rede de hotéis no Brasil e no exterior na década de 60. Excêntrico, João gostava de praticar tiro com os amigos mais próximos. Pensando em agradar o marido, Kim solicita a onze amigos mais íntimos de seu marido que levem suas armas: fariam uma competição de tiro ao alvo naquela noite. Terminada a festa, o silêncio se fez na mansão. Ao amanhecer, o corpo de João boiava na piscina...
O investigador Alexandre e o delegado Oswaldo assumem o caso e inicia-se uma impressionante e intrincada história, na qual cada suspeito teria todos os motivos para matar João, até mesmo o seu próprio filho Marco Aurélio. Sem contar os desafetos de João nos Estados Unidos, país onde começou a fazer fortuna.